JOURNAL D'UN VOYEUR

DU MÊME AUTEUR

Aux Éditions Grasset

LE GUETTEUR DE RIVES.
LE DÉSORDRE ET LA VIE (*et au Livre de Poche*).

Chez Robert Laffont

RADIOSCOPIE/1, entretiens avec Brigitte Bardot, cardinal Daniélou, Sylvain Floirat, Roger Garaudy, Jacques Mitterrand, Henry de Montherlant, Fernand Pouillon, Lucien Rebatet, Arthur Rubinstein, Siné.

RADIOSCOPIE/2, entretiens avec Georges Mathé, Madame Simone, Jeanne Moreau, Jacques Monod, Jacques Duclos, Chagall, Edgar Faure, Me Albert Naud, Roger Peyrefitte, Maurice Mességué, Marcel Dassault.

RADIOSCOPIE/3, entretiens avec Abel Gance, Max-Pol Fouchet, Jean Guéhenno, Pr Jacques Ruffié, Mme Paul Fort, Léon Zitrone, Pr Jean Bernard, Jean Lecanuet, Jean-Paul Sartre, Raymond Devos.

RADIOSCOPIE/4, entretiens avec Maurice Genevoix, Jacques Lebreton, Gustave Thibon, Régis Debray, Gal Bigeard, Roland Barthes, Simone Veil, Etiemble, Pierre Mendès France, Pr Jean-Paul Escande, Alain Mimoun, Pr Maurice Marois, Valéry Giscard d'Estaing.

RADIOSCOPIE/5, « *Les giboulées de Mars* », entretiens avec Jacques Attali, Jean-Pierre Chevènement, Jacques Chirac, Robert Fabre, Jean-Pierre Fourcade, Alain Krivine, Brice Lalonde, Jean Lecanuet, Georges Marchais, Michel Poniatowski, Michel Rocard, Jean-Pierre Soisson.

RADIOSCOPIE/6, « *Des jeunes par milliers* ».

Chez Nathan

LE GUIDE ET L'ENFANT.

Chez Hachette Littérature et Livre de Poche

LE TEMPS D'UN REGARD.
TANT QU'IL Y AURA DES ÎLES (prix des Maisons de la Presse).

Aux Éditions Mazarine

FRANCHISE POSTALE.

Aux Éditions du Chêne

LE GRAND ÉCHIQUIER (album).

Aux Éditions Actes-Sud – Hubert Nyssen

LE LIVRE BLANC.

JACQUES CHANCEL

JOURNAL D'UN VOYEUR

BERNARD GRASSET
PARIS

1992

1ᵉʳ septembre. Je m'étais juré de ne pas écrire quotidiennement sur la télévision. Et puis je me suis souvenu de cette réflexion de Talleyrand : « On n'a qu'une parole... C'est pour cela qu'il faut la reprendre. »

2 septembre. La droite, la gauche, les récompenses, les placards, les revanches, les exclus : les temps nouveaux sont annoncés bien avant les giboulées de mars. Les amateurs vont à marches forcées sur les chemins possibles du petit écran. On fait la queue devant les chaînes offertes, à prendre ou à voler. La braderie s'installe dans le feutré des salons de la politique. De grâce, que les professionnels s'expriment, seulement eux. On n'aurait pas l'idée de demander à un terrassier de faire de la haute couture.

3 septembre. L'avenir est toujours incertain. Tant mieux. Voilà l'énigme la plus réconfortante. Vouloir connaître à tout prix la couleur de demain peut être considéré comme une faute de goût : l'inattendu doit être le plus espéré des cadeaux... lorsque la goujaterie s'en mêle. Ainsi, Maurice Béjart n'a toujours pas de théâtre à Paris pour présenter ses ballets mais croit encore à sa petite étoile. Il n'a jamais eu non plus la moindre subvention d'un quelconque ministère français de la Culture, alors que trois cents troupes de danse sans talent, juste bonnes pour les comices agricoles, se vautrent depuis quelques années dans un assistanat grelottant d'écus sur lequel la Rue de Valois s'est lourdement embourbée. N'ayant rien demandé, Maurice ne saurait se plaindre. La honte est seulement à nous et j'envie Bruxelles et Lausanne d'avoir pallié nos défaillances et accueilli comme il convenait ses compagnies. « Heureusement, me dit-il ce soir, j'ai eu deux " Grand Échiquier ", une émission de mon pays. » Au plus haut de la sérénité conquise sur les plus grandes scènes du monde, il se souvient de ce que lui écrivait son père, le philosophe Gaston Berger : « L'avenir sera en partie ce que nous aurons voulu qu'il soit. »

Réservons-nous d'avoir avec le temps des « relations d'incertitude ».

4 septembre. Sur l'écran, Jean-Marie Le Pen fait des mots-Vermot. Il est trop drôle pour avoir de l'esprit.

*

Homme pressé, Patrick Sabatier va si vite que tout porte à croire qu'il n'est pas rapide.

5 septembre. Depuis deux ou trois ans, quelques têtes non chercheuses de la télévision tentent de voler à leur seul profit de pauvres vagabondages! Et nous en arrivons à cet étonnant constat : des animateurs de peu de talent mais de malignité publique voudraient nous forcer à considérer que leurs invités ne sont pas plus que des faire-valoir propres à conforter ce qu'ils croient être leur notoriété. Pauvres de tout esprit critique et assez ignorants pour ne jamais se rendre compte de leur médiocrité, ces enfants bâtards du tube cathodique déshonorent le petit écran au rythme de leurs exercices commerciaux. Le jeu pourrait consister aujourd'hui à en établir la liste, mais les citer serait ajouter encore à l'idée perverse qu'ils se font de la publicité à tout prix. Ces présentateurs-là sont la honte de notre métier.

6 septembre. Rien n'échappe aux sondeurs, ces inquisiteurs des temps modernes. On nous étudie, on nous espionne, on nous juge, on nous jauge. Les sorciers de l'Audimat nous prennent dans leurs filets du lever de la vie au coucher de la mort avec une précision scientifique assez diabolique, propre à désespérer les plus optimistes. Je n'ai pas une considération exagérée pour ces fonctionnaires de l'audience, mais paradoxalement, je recherche chaque matin le résultat de leurs analyses. C'est que nous avons obligation de savoir de quelle manière nous sommes reçus et nous voilà pris au piège de ce qui ne devrait être qu'un outil de travail. De là à croire que la quantité est synonyme de qualité, il n'y a qu'un pas qui est souvent la dernière glisse avant l'enfer.

*

En mêlant outrageusement les faux aristos, les prétendus bourgeois et les vrais carriéristes, le XXe siècle a popularisé la race la plus vile : les parvenus. « Méfiez-vous d'eux, me disait André Malraux, en l'an 2000, ils seront tous au pouvoir. L'audiovisuel n'en pourra plus de leur ignorance crasse. » Est-on sûr qu'il faille attendre?

7 septembre. On me demande de tout côté mon avis sur la question, je le donne : oui, la télévision publique est une nécessité. Oui, elle est l'indispensable et urgent contrepoids, et l'on verra très vite que France-Télévision, opérationnelle depuis la première heure ce matin, ne procédait ni d'un caprice ni d'un cocorico de circonstance. De tout temps malmenée, maltraitée, redistribuée par des gouvernements pressés d'en faire leur « chose », je trouve même un certain mérite à cette institution de prétendre aujourd'hui repartir à l'assaut des chaînes commerciales – a fortiori quand d'aucuns continuent de clamer qu'il faut la libérer. A la vérité, une telle télévision ne peut dépendre que de ceux qui lui consacrent leur vie, prêts à se mobiliser tous les matins pour la réinventer. A ceux-là, jamais somnolents, il n'a pas échappé que les temps ont changé, que les paillettes – même si la futilité est encore un genre – ont fini par lasser et que le téléspectateur, lui, s'est déjà mis en quête d'ailleurs moins convenus. Une émission n'est pas forcément admirable parce qu'elle rassemble des millions d'adeptes sur un projet scandaleusement racoleur. Elle n'est pas davantage extraordinaire lorsque nul ne se précipite pour la regarder et que, de ce fait, la rareté lui fait habit. La télévision publique sait mieux que personne sa mission et ses limites, qui sont question de professionnels et non d'affairistes. Définir une télévision pour tous est l'art le plus difficile, parce que tout le monde croit pouvoir l'exercer. Il faudrait une télévision pour chaque Français, mais serait-il encore content de ce qu'il se propose?

Nécessaire, la télévision publique l'est et le demeure, seule à pouvoir offrir et garantir la diversité, à rallier le plus vaste public autour de quarante-deux heures de programmes quotidiens délivrés de tout voyeurisme, en choisissant la vérité plutôt que la démagogie, l'insolence plutôt que la vulgarité. Mais il lui sera, toujours, beaucoup plus demandé.

Antenne 2, FR 3 n'existent plus, vive donc France-Télévision, outil d'une véritable ambition, mais aussi moyen d'en finir avec les faux-semblants, la pseudo-alliance, la tentation permanente d'assimiler l'autre à un territoire ennemi : lorsqu'on se veut – sans lien véritable – frères ou sœurs approximatifs, il est aisé d'accumuler petites concurrences et grandes trahisons. Or, l'enjeu réel, cette complémentarité à laquelle chaque responsable est tenu de veiller, suppose l'absence d'états d'âme, plus souvent liés à l'esprit de carrière qu'à la volonté de partage. Il y a désormais une légitimité du couple Télévision publique française. Elle restera, quoi qu'il puisse arriver, comme la marque sensible et essentielle d'une stratégie de dépassement élaborée, et à certains égards irréversible. On peut évidemment casser les meilleures intentions, mais l'on n'effacera pas sans mal la trace de ce qui doit être demain, au-delà des querelles politiciennes, l'immédiate nécessité. Le rapprochement de France 2 et de France 3 est synonyme de métamorphose et relève d'une démarche cohérente, logique, historique. Le mot France devient spécifique trait d'union, et l'étranger, enfin, va savoir de quelle télévision il est question.

Certes en vitrine, cruellement exposée, la télévision est une cible sur laquelle les plus maladroits s'exercent à envoyer leurs meilleures fléchettes. C'est le risque des apparences mais la télévision n'a plus d'ennemis. En revanche, par turbulence et préciosité, elle s'invente des jaloux qui sont bien plus dangereux. Un ennemi est un adversaire et, par réaction immédiate, moteur à émulations diverses. Le jaloux est cliniquement une plaie. Il faut s'en défaire en pratiquant l'indifférence à outrance.

8 septembre. Les prochaines saisons de la télévision s'annoncent mauvaises, environnées de brumes et de roulis. Comme à la veille de chaque changement, les moins doués, plus familiers des bas-fonds de la politique que des soleils de l'image, pensent en toute vanité que leur temps est venu. Les officiants en charge des combats électoraux engagent et nourrissent des conseillers dont la vertu première est d'avoir partout échoué. Volontiers primesautiers et imprudents, ils proposent ce qu'ils n'ont jamais su réaliser. C'est l'étrange vol des hirondelles de l'audiovisuel.

9 septembre. Le mal du même audiovisuel — au-delà de l'écran : *la réunionnite.* Ce ne sont, au plan international, que séminaires, colloques, échanges stériles conduits, le plus souvent, par des quatrièmes couteaux et qui n'apportent rien puisque rien n'est jamais conclu. Toutes ces rencontres font travailler les administrateurs et les imprimeurs. Les notes de frais sont toujours à la hauteur des comptes rendus.

10 septembre. Si *tout a été fait*, à la télévision (qui décidément nous occupe beaucoup en cette rentrée), j'ai toujours le sentiment que *tout reste à faire*. Dans cette nébuleuse étonnante, chacun, le plus honnêtement, essaie de pousser ses grandes ambitions et ses petites vanités. Certains producteurs s'imaginent inventer de nouveaux espaces en changeant sans arrêt d'émission. A dire vrai, ils font la preuve d'une impuissance caractérisée. Le plus simple serait d'admettre qu'ils n'ont pas su imposer leur formule. La bougeotte n'est pas un art. Un grand programme s'inscrit dans la durée, le reste n'appartient qu'à l'anecdotique. Mais la mode a ses propres vertus de communication : nombre d'émissions dont on parle aujourd'hui en lettres majuscules ne laisseront aucune trace.

*

Les intellectuels, qui n'ont pas de prix lorsqu'ils se révèlent agitateurs, grands dérangeurs des cercles d'habitudes, n'en ont pas moins témoigné d'étonnants penchants pour les fausses routes et autres fourvoiements idéologiques. On me permettra dès lors de ne pas souscrire aveuglément à tout ce qu'ils professent en matière de télévision. Selon eux, elle serait « un contre-pouvoir abêtissant ». Encore une fois, exposée comme elle l'est, offerte à tout le monde et propriété de personne, la télévision fabrique elle-même ses propres contradictions. Elle est masochiste dans tous ses comportements et nous finissons par trouver naturelles toutes les entreprises de déstabilisation dirigées contre elle. Heureusement, ici, nul n'est innocent. Il suffirait d'éviter de confondre en permanence savoir et intelligence. Cette dernière qualité n'est pas auréolée de diplômes mais elle est de plus immédiat intérêt. Et l'intelligence a aussi l'ambition de l'universel. Intellectuels, nos amis, mêlez-vous aux autres.

11 septembre. Il paraît que la télé rend fou! Bruno Masure en a même fait un livre, c'est assez dire que le sujet en intéresse plus d'un et qu'il est sans doute d'un bon rapport commercial. A la vérité, elle ne peut faire perdre la tête, cette boîte aux images, qu'à ceux qui se croient déjà arrivés, elle n'est dévastatrice qu'à l'endroit de quelques esprits dangereusement secoués, un tout petit peu biologiquement fêlés. Soyons raisonnables : la télévision est d'abord un métier – dont on ne saurait réclamer bien sûr la discrétion –, peu différent des autres si l'on considère qu'on se doit de l'exercer avec pour seul critère l'exigence du professionnalisme. Le reste est affaire de petites vanités et de grande bêtise.

12 septembre. La recette – si tant est qu'il y ait recette – pour réussir à la télévision : aimer ce que l'on fait plus que soi-même.

13 septembre. Prière urgente à Thierry Ardisson. De grâce, qu'il soit lui-même, qu'il devienne enfin ce qu'il est : un homme de compagnie. La courtoisie et l'élégance permettent de frapper à bout portant. Aujourd'hui – pour nécessité de mode –, la grossièreté est son imposture. Et je sais qu'il se force.

15 septembre. Autrefois, le maire, l'instituteur, le curé possédaient le pouvoir et distribuaient les bons points. Aujourd'hui, Poivre d'Arvor, Paul Amar, Christine Ockrent se sont inconsciemment approprié tous les privilèges. Et vous voudriez qu'on les aime! Les dépossédés sont plus que jamais aux abois.

17 septembre. A ceux qui – dans nos temps de turbulences audiovisuelles – font des plans de carrière plutôt que d'assumer la difficulté du quotidien, cette pique de Flaubert : « L'avenir est ce qu'il y a de pire dans le présent. »

20 septembre. Chateaubriand a justement écrit : « On transmet son sang, on ne transmet pas son génie. » De la même manière, en se méfiant du mot « génie » – perdu dans toutes les sauces –, on pourrait dire : « On transmet son expérience, on ne transmet pas son talent. » Caprice des temps sans doute, dix vedettes de la télévision (quel optimisme !) sont à ce jour capables de prendre en main les destinées du « prime time ». Un seul nouveau pourrait rejoindre cette galaxie : Nagui.

25 septembre. Laurent Baffie, par pauvreté de vocabulaire, insignifiance de vie, croit pouvoir donner du sens à la vulgarité et se vautrer dans la boue des mots qui n'épouvantent plus personne. Il a fait de l'enculage sa propre éthique. Or, « enculer » est totalement à sa place dans la nouvelle édition du Dictionnaire de l'Académie française (« dérivé de cul, sodomiser »). Au figuré, il « encule les mouches » et se viole lui-même. C'est le tragique du temps. A le bien regarder, on le devine vite : Baffie est à la vérité une excellente graine de bon petit-bourgeois, fasciné par les grands bénéfices. Le proclamer iconoclaste, c'est entrer dans son jeu. Il est simplement et biologiquement banal.

28 septembre. Sébastien en vacances, Sabatier aux oubliettes, Foucault en baisse, Dechavanne en équilibre, Drucker en résistance, Durand en attente, Sevran et Martin aux sommets, Ardisson en question... Les variétés à la télévision ne sont plus ce qu'elles étaient. Sur toutes les scènes de la légèreté nécessaire, on se partage les miettes du talent des anciens. Guy Lux, Maritie et Gilbert Carpentier, Denise Glaser n'ont pas été remplacés. Les petites classes des producteurs d'aujourd'hui s'échinent à les imiter, sans le soleil du renouveau, comme si la veine s'était tarie, le genre dépassé. Sept ans avant 2000, tout est à réinventer. Pour l'instant, il n'est pas une fête capable de relever le défi : le divertissement est en jachère, livré à des animateurs de pacotille.

29 septembre. Christine Bravo a trouvé la formule magique, « Frou-Frou », par où canaliser son trop-plein de bonne humeur et d'hilarité – qu'elle a franches et communicatives. Exacte réplique d'une soirée (réussie) entre copines, où l'on se gausse jusqu'au délire et en cascade des maris, des amis, des enfants, des voisins, « Frou-Frou » peut partir gagnant à tous les coups : d'abord parce que les « copines » sont naturellement belles, intelligentes et drôles, ensuite parce que les sujets-objets de la dérision hebdomadaire de ces dames s'en remettront sans aucun mal. Ici, l'on ne se force ni ne se pince pour rire, Bravo la première éclate et pouffe avec un entrain qui réjouit la vue. On ne rameute pas davantage la grosse et facile gaudriole, on préfère rire – parfois aux larmes – dans la dentelle, la soie, le taffetas... Bien sûr, tout en roulant les hommes dans la farine.

*

Mireille Dumas est de la cuvée 92. Auparavant, l'ombre lui était protection. Aujourd'hui, la lumière la met en danger mais lui donne de l'éclat. Elle est, pour France 2, l'une des plus belles réussites de ce dernier automne. Et cela tient à l'essentiel : une qualité d'âme. Elle connaît ses dossiers, elle n'a pas une parole impatiente, elle sait écouter, ce qui n'est pas, hélas, le cas d'Anne Barrère – dans « Santé à la une » – qui interrompt ses invités à tout moment avec une sorte de grossièreté joyeuse.

30 septembre. Christine Ockrent dans les profondeurs de la soirée sur France 3. Une descente aux enfers? interrogent les uns. La fin d'un mythe, proclament les autres. Autant de stupidités. La reine n'est pas morte, bien au contraire, elle vit à haute altitude dans les prétendues basses eaux du programme. Le temps n'est plus au « 20-heures » où les horreurs du monde passaient par son regard. Officiante parfois rebelle des grandes messes de l'information, elle met aujourd'hui son expérience au service d'un public moins nombreux mais bien plus exigeant. Le « 22-heures-30 », loin d'être une sanction, est plutôt un privilège, à condition de l'habiter avec rigueur. Grâce à Christine Ockrent, ce carrefour où l'on prend son temps est devenu l'indispensable rendez-vous. On y réfléchit l'actualité, sans ostentation, dans la douceur familiale du soir, dans le silence parfois, avec – chaque lundi – les excellents commentaires à froid de Philippe Alexandre et Serge July. Les journaux de la nuit sont appelés maintenant à faire le jour. On se battra, demain, au sein des meilleurs, pour présenter le « 22-heures-30 » ou le « Minuit ». Changement d'époque.

1er octobre. La télévision est une fabrique de rêves, l'usine effervescente de l'imaginaire. L'image se substitue au réel. Elle devrait être enseignée à l'école.

2 octobre. « Pourtant, quelques-uns veillaient... » : Hölderlin annonçait ainsi la vigilante présence des gardiens de la mémoire, mais n'espérait pas pour autant que le pire pouvait être évité. En ces temps d'inconstance télévisuelle, nous devrions reprendre l'expression et croire, sans utopie excessive, à l'intelligence des puissants. Notre mission? Plus que jamais, *défendre* la force, l'unité, la complémentarité du service public. *Veiller*, les yeux grands ouverts, le cœur débordant d'enthousiasme. Savoir *attendre*.

3 octobre. Il nous faut vite retrouver les valeurs d'écoute, d'attention, de respect. Pas de courtoisie béate, non aux fausses élégances, mais une véritable approche de l'autre. A la télévision, les gens s'abîment aujourd'hui dans tous leurs monologues, répondent à des questions qui ne leur sont pas posées, se perdent bêtement sur leur petit bonhomme de chemin. Le nombrilisme est devenu fait de civilisation.

5 octobre. On me demande un texte sur Arthur Rubinstein. Pour un disque-hommage à l'occasion du dixième anniversaire de sa mort. Rien ne m'enchante davantage que d'écrire sur ce personnage démesuré, ce pianiste inclassable, baroque et classique à la fois, surprenant, toujours inattendu. Nous avons eu ensemble tant de moments heureux que je n'hésite pas une seule seconde à revenir dans nos sillons qui étaient le plus souvent ceux de l'avenue Foch. A deux claviers de chez lui. Pour le raconter tel que je l'ai vu, écouté, ressenti, je propose six *regards* que j'écrirai l'un après l'autre, à des jours différents pour le raconter dans ses états multiples.

7 octobre. PREMIER REGARD. RUBINSTEIN OU LA NÉCESSITÉ DU BONHEUR.

Sacré bonhomme. Superbe Rubinstein. Gloire posthume au roi Arthur... Nous étions encore ensemble ce matin sur l'allée du bois de Boulogne. Il portait un pardessus noir, ajusté à la taille, une longue écharpe rouge, un chapeau de dandy du temps de Boni de Castellane. Il avait glissé son bras sous le mien, nous remontions gaiement vers les Champs-Élysées, il me parlait de ce que sa mémoire voyait : des fiacres et des calèches, des crinolines et des hauts-de-forme. Il était si vivant qu'il avait oublié cette formalité qu'on appelle la mort, il n'y croyait plus. Il se voulait invincible et enfin offert à la délicieuse paresse. Je l'ai suivi jusqu'au bout de sa vie mais de tous les moments partagés, j'ai curieusement conservé celui-ci, tout de froideur et de brumes, dont il est aisé de fixer le temps : « J'ai quatre-vingt-neuf ans et onze mois aujourd'hui, me disait-il. Allons fêter l'événement au Fouquet's. J'en décide déjà l'ordonnance : thé, brioche, cigare. » Tenté de lui rappeler qu'il eût été mieux venu d'attendre une trentaine de jours pour saluer le nonagénaire, il ne m'en donnait pas l'occasion. « Ne me parle pas du grand âge qui s'annonce. C'est banalité de l'accueillir à la minute exacte. J'ai toujours précédé l'époque. » Il n'avait pas de recette particulière pour rester jeune, il était jeune. « Je fume trois cigares par jour, le premier très tôt : le café, à l'aube, demande le cigare, le cigare appelle le café. Je suis plus gamin qu'autrefois, je rêve tout le temps, je ris à l'idée de ce que me fera la postérité. On m'élèvera peut-être une statue, on éditera des coffrets où sera contenue toute mon œuvre, on écrira des livres, et des gens qui ne m'ont pas connu diront que j'étais méchant. A la vérité, j'ai beaucoup donné pour que l'on me juge ainsi... Pour le seul plaisir du mot, pour briller, j'ai souvent et férocement ironisé. Pourtant, je ne suis qu'aimable, il faudra que tu le confirmes. » Il est vrai qu'il aurait donné cent pianos pour une démesure, une débauche d'amitiés, il est exact que la convivialité équilibrait son éthique. Il m'arrivait parfois de le prendre à son jeu, de revenir sur ses petites phrases et de chatouiller alors sa fausse humilité...

« Vous seriez tout de même heureux si un grand artiste vous coulait dans le bronze, si une âme bienveillante, à la fin de ce XX⁰ siècle, éditait l'intégrale de vos enregistrements... »

Un regard de feu : « Évidemment, mais qui le fera? Pour la sculpture, il me faudrait César, une compression m'irait bien. Maintenant que je ne vois plus mon piano, j'aimerais tout réentendre, les concertos, mes bonheurs de musique de chambre, mes récitals éparpillés, mes bis qui étaient une coquetterie de soliste, et surtout mes rondes au plus près de Chopin... J'ai passionnément aimé mon métier mais plus encore ma vie. » Arthur Rubinstein — et c'est peut-être la simple lueur de ce premier regard — avait tôt compris que le seul moyen de vivre heureux, c'est de commencer par croire au bonheur.

9 octobre. DEUXIÈME REGARD. AMOUR, HUMOUR, HUMEUR, PERVERSITÉ...

Arthur Rubinstein tirait depuis longtemps de sa poche un papier jauni, plié en quatre, qu'un soir de fête il eut l'élégance de m'offrir « en gage d'amitié ». C'était, notée d'une écriture malhabile, une simple réflexion de Rainer Maria Rilke : « La gloire est la somme des malentendus qui se créent autour d'un nom. » Il m'avait avoué que la phrase le concernait, mais le croyait-il vraiment? On pouvait parfois le prendre, selon le mot de Cocteau, pour un mensonge qui dit la vérité. Je le vois encore si vivant, près de moi, au dixième anniversaire de sa mort, que ne me quittent jamais ni son œil malicieux ni sa mine gourmande toujours au bord de la farce. Étonnant qu'un pareil homme de grimaces ait pu porter son art au plus haut de la perfection. L'état de grâce n'est pas seulement l'apanage des gens sérieux. « La sainteté, dans notre monde de saltimbanques, me disait-il, n'est rien d'autre que de la malignité. » Il se méfiait de tous ceux qui prennent des poses à défaut d'avoir des attitudes. Il pensait avec raison qu'une forme de génie s'accorde remarquablement à une nécessité de fantaisie. Davantage même, à un grain de folie. « Des folies bienheureuses, précisait-il. Comment ne pas me souvenir de cette soirée chez des amis à Cannes où, grisés par les parfums, nous nous étions pris pour des artistes argentins? J'étais au piano, Casals au violoncelle, Heifetz au violon. Nous jouions un tango qui était chanté par Charlie Chaplin et dansé par Picasso, tout en noir, foulard rouge autour du cou. Notre musique était faite de tous nos débordements. » A le regarder, je me persuadais à chaque instant que le bonheur ne se donne qu'à ceux qui lui font la cour, ce bonheur dont il avait été au départ cruellement dépossédé et qui était son espace favori, sa véritable religion. Il n'était qu'amour, humour, humeur avec toutefois... un brin de perversité. Il se plaisait, garnement en diable, à me poser à la fin de sa vie la même et sempiternelle question : « Quel est le plus grand violoniste du siècle? » Je connaissais la réponse, mais je continuais de jouer le jeu. Selon les jours, je déclinais différents noms, de Oïstrakh à Stern, dans la délicieuse attente du verdict. « Vous faites tous la même grossière erreur. Le plus grand, c'est Menuhin... jusqu'à l'âge de quatorze ans. » Il n'en pensait pas un mot, ce n'était pas tout à fait de la méchanceté mais plutôt une manière d'affirmer sa différence, d'installer sa marginalité faite d'une arrogance aristocratique singulièrement maîtrisée. « Certains se veulent musiciens comme d'autres font l'acteur. Je ne suis coupable de rien, j'exploite un don qu'un généreux mécène du dessus a déposé dans mon berceau, et si j'ai plus de panache que les autres dans mon art de pianiste, c'est que je sais me mettre en scène de la façon la plus naturelle, dans une forme d'inconscience. » Il détestait les hommages, il se divertissait aux honneurs.

12 octobre. TROISIÈME REGARD. LE VIEIL OISEAU IVRE.

Si l'obligation m'était faite de ne retenir qu'une seule date des dernières années Rubinstein, j'inscrirais vite et très égoïstement le 30 décembre 1976. Notre « Grand Échiquier ». L'illumination d'une rencontre à trois : Nela, sa femme, lui, moi. Nous nous croyons seuls dans le feutré du studio qui, ce soir-là, est étrangement désert, presque dans la pénombre. Juste une gerbe de lumière diffuse. Arthur n'aurait supporté ni les projecteurs ni la foule... « Ah! ces yeux qui se parent de voiles. J'avais encore tant à regarder. » Devant les caméras qu'il devine, il s'est campé, torse droit, tête haute, nez plein vent, impérieux, rieur, narquois, idéalement naturel. La vieillesse ne lui fait pas ombre, il semble déjà statufié, visage d'albâtre, net, singulièrement découpé. Propret comme une gravure de mode. Il n'a pas de secret mais une ardente nécessité : « A quatre-vingt-dix ans, je sais encore dire merci. Merci à la vie qui me fait tous ces cadeaux, qui m'a même donné le malheur pour bien me faire comprendre que nous n'avons pas tous les droits. Je suis toujours présent, je m'impose parce que je ne doute de rien... Peut-être quand même un peu de Dieu. Je Lui en veux d'avoir autorisé les horreurs de la déportation. » Il m'observe de tout près, à quelques centimètres. « A perte de vue, me dit-il. Les temps sont cruels. Chez moi, le piano n'est maintenant qu'un meuble, je ne vois plus mon clavier, alors chaque matin, je le caresse... Mais le pourrai-je encore longtemps? Après les yeux, les doigts aussi, dans leur désinvolture, sont bien capables de me lâcher. » S'il l'évoquait pour ne pas faire illusion, il ne s'attardait pas, toutefois, sur cette sarabande des vilenies de l'âge. Seul lui importait l'avenir, il se savait inventé pour d'autres voyages, et il n'essayait jamais d'en fixer les étapes. Notre face-à-face confidentiel devant sept millions de téléspectateurs reste l'un de mes meilleurs souvenirs de télévision. Trois heures de musique, d'intelligence, de drôlerie. Nous avions choisi ses meilleurs enregistrements, les tendres moments de nos rencontres d'autrefois lorsque je le laissais jouer devant les caméras en toute liberté. Il avait même souhaité retrouver Cyd Charisse – « Les plus belles jambes du monde », elle avait dansé pour lui – et s'autocongratulait volontiers : « Ce que je pense de

Rubinstein? Il m'amuse, il m'agace, il me gêne, il me plaît. » Il se donnait ainsi le beau rôle; s'étant jugé lui-même, toute critique devenait inutile. Notre émission fut mieux qu'un succès, plutôt une litanie de louanges. Le bon maître était heureux : « On m'a fait un joli petit impromptu de compliments. Nela m'a lu tous les commentaires. Je sais maintenant, par Jean Cau, dans *Match*, que j'ai une tête de vieil oiseau ivre. C'est bien vu. Ce journaliste dit encore que mes mains sont des racines. Vrai : la grâce est au fond du cœur. Toi aussi, Jacques, tu as ta part d'éloges, et, cela grâce à moi. François Nourissier écrit dans *le Figaro* : "Un programme comme celui-là est l'honneur de la télévision et son miracle." Très bien dit. Au total, la presse a été très aimable à mon égard. C'était mon dernier parcours : une belle sortie. »

A la fin de ce décembre 1976, il ne nous restait que six années à partager. Presque jour pour jour.

15 octobre. QUATRIÈME REGARD. L'ÉTERNEL EXILÉ.

Je le croyais né le 18 janvier 1887... « Non, m'avait-il dit, mauvaise information. Il faudra encore attendre dix jours. C'est le 28 janvier que je suis venu au monde. Le 18, j'étais encore dans le ventre de ma mère et j'ai, paraît-il, joué du piano ce jour-là. C'est ce que maman m'a raconté. J'étais tellement actif qu'elle savait déjà que je serais pianiste, je frappais en cadence. A la vérité, je devais demander la permission de sortir. J'ai toujours été impatient. » S'il se refuse à laisser croire qu'il fut enfant prodige, nous devons reconnaître quand même qu'il était pour le moins précoce. Rubinstein a dirigé son premier orchestre à l'âge de quatre ans, pour le mariage de sa sœur aînée... « Oui, quatre ans. Je suis même tombé de la chaise, et ce genre de chute marque toujours un jeune talent. C'est vrai, j'avais du talent et ne pas l'avouer serait vanité d'orgueilleux. Autant le dire tout de suite, aujourd'hui encore, je déteste ceux qui font de l'humilité un art de mensonge. Chaque être, à la naissance, porte un don, et les médecins devraient à ce sujet faire des études. Nous avons tous une glande qui renferme le talent. On naît artisan, acteur, journaliste, ministre ou musicien. Le talent est une plante naturelle. Comment expliquer autrement qu'un petit bonhomme de quatre ans puisse jouer mieux que tout le monde! Moi, je tapais sur les notes à un an et demi. J'avais une glande qui fonctionnait bien et une sœur qui, à défaut de talent, possédait un piano. » Nous eûmes mille conversations dans les années 60-80, jamais il ne voulut reconnaître qu'il était l'un des pianistes du siècle. « Non – et il rouspétait – je ne suis pas d'un groupe figé dans une hiérarchie. Cent pianistes sont meilleurs que moi. En revanche, qu'on le veuille ou non, je suis le plus grand. Cela tient au fameux don de naissance, à ma folie, à mon amour de la vie, à l'attention que j'accorde aux autres. » C'est vrai qu'il était à part, en lisière du monde, à l'écart des habitudes, au cœur de toute création. Les lambris dorés lui faisaient seulement décor. On le voulait mondain, fier de ses habits bien coupés lourds de décorations, de ses relations royales. Il n'était qu'observateur des chuchotements de salon et chroniqueur impénitent des maniaqueries du temps. Sa force de persuasion, il la tenait aussi du beau maniement des langues qui l'autorisait à tout entendre aux quatre coins de ses errances... « Je n'ai aucun mérite. Je suis né à Łódź, en Pologne. Ma langue première, c'est donc le polonais. Mais là-bas, à cette époque, nous étions sous le régime tsariste. Alors, le russe était obligatoire partout. J'ai appris la langue de Tolstoï sans le moindre effort. Et puis, on m'a envoyé à Berlin pour compléter mon éducation musicale, j'ai passé huit ans dans cette ville, je connais parfaitement bien l'allemand. L'étape suivante ce fut Paris; lorsque j'ai vu la place de la Concorde, la Madeleine, les Tuileries, l'Arc de Triomphe, j'ai fait le vœu d'habiter cette capitale et j'ai appris votre langue dans les taxis, dans le métro. Je sais également l'américain – bien sûr –, l'italien, l'espagnol. Ça doit faire huit langues et j'ai dû oublier quelques pays en route. » Cette chance ne lui fut jamais étonnement, il se savait citoyen du monde, offert à toutes les cultures et pour toujours exilé. Donc en marche.

18 octobre. Cinquième regard. Sa férocité comme une caresse.

Le génie que l'on ne maîtrise plus, la désespérance que l'on ne sait pas combattre sont des alliés ambigus et des ennemis irréductibles. Ils obscurcissent l'horizon et, d'un adolescent doué, peuvent faire un jeune vieux blasé toujours en péril. A vingt ans − et déjà seize ans de carrière − Arthur Rubinstein prit le parti de se suicider. Et sa maladresse le sauva. La ceinture à laquelle il s'était pendu était si fine, si mal choisie, qu'elle ne put supporter le poids de son corps. C'était un signe, il lui fallait vivre, se soûler de tout, s'émerveiller de chaque minute qui passe, serrer son instrument au plus près : « Jouer du piano, c'est tout simplement faire l'amour. » L'ivresse, cette fois, s'affichait, le monde lui ouvrait les bras, il s'y précipitait, chaque pays devenait sa source. Sauf l'Allemagne. « Je me suis juré de ne jamais aller sur cette terre de catastrophes où des fous ont assassiné les miens. » Pour les jeunes de ce peuple qui le réclamaient, qui demandaient pardon, il consentait à jouer à Strasbourg et Amsterdam : « Là, je retrouve des amoureux de musique venus de là-bas qui sont tout de même des fils de nazis. Mêlés aux Français, ils ne m'inquiètent plus. » Il se défendait de tout esprit de vengeance, mais accepter l'oubli lui était intolérable. Nous parlions peu de ce temps de l'horreur, il revenait vite à son art, à ses chers instruments dont il aurait voulu faire collection. Celui qu'il préférait était l'alto, « qui monte moins haut que le violon, qui abîme moins l'oreille ». Il aimait le violoncelle mais il le trouvait « trop pleurnichant, un peu trop baryton, encombrant ». Le piano? « La plus sublime des caisses, des formes et du fond, un univers de cordes tendues pour des déclarations d'amour. Lorsque j'ai fait une grosse bêtise, je joue la sonate *Au clair de lune* de Beethoven. Ma femme comprend vite que c'est pour elle, et nous ne parlons plus de rien. » Ce que j'aimais le plus en Rubinstein? Son incorrigible goût pour la farce, ses caprices d'enfant gâté, sa férocité dont il se plaisait à préciser qu'elle était une caresse. « Une teigne! », m'avait dit une fois, parlant de lui, Karajan. Le mot convient, mais je l'adoucis tout de même : une teigne joyeuse, miséricordieuse... La vie lui avait tant donné, d'abord un si long temps, ensuite de tels succès, qu'il finissait par trouver admirables ses propres ennemis. Au bout du chemin parcouru, lui qui avait joué toutes les musiques en feignant d'en aimer tous les maîtres, ne « fondait » littéralement qu'au nom de Chopin : « Jamais le piano n'a été mieux servi. Le grand Beethoven, bien supérieur comme compositeur, Mozart, tous les autres, ne sont pas arrivés à le dépasser. » Pour Arthur Rubinstein, Chopin a découvert la magie, le secret intime, la manière idéale de chanter au-dessus des notes. « Il était l'âme de sa musique, toujours en quête d'une émotion. Tiens, voilà le mot mysté-rieux : l'âme. Personne n'a pu me l'expliquer. J'ai posé la question à Einstein. Pas de réponse. A

Mme Curie : je n'ai pas été satisfait. A des religieux : leur propos n'était pas juste. Moi, j'ai ma petite idée. L'âme, c'est une force que nous avons en nous — enfin, quelques-uns —, un moteur à plusieurs temps qui met en marche toute la création. C'est l'enveloppe la plus noble de l'homme. »

21 octobre. SIXIÈME REGARD. L'ESTOMAC PLUTÔT QUE LE CŒUR.

Rubinstein croyait plus à la camaraderie qu'à l'amitié dont il se méfiait un peu. Le mot est tellement prononcé que son sens et sa pratique en deviennent aléatoires. Il savait admirer : « Ceux qui se défendent d'avoir des maîtres sont de piètres passants. Une borne lumineuse éclaire mieux une route que l'obscure prétention. J'ai toujours voué une passion au Dr Albert Schweitzer. Il jouait de l'orgue admirablement bien, il a écrit la plus belle biographie de Bach, il aurait pu s'éblouir de tous ses dons. Il a préféré épouser les peines du monde, les prendre à son compte et tout abandonner pour soigner les lépreux d'Afrique. Voilà la sainteté dans sa véritable dimension. » Rubinstein enviait ceux qui avaient donné un sens à leur vie, les savants, les chercheurs, les médecins sans frontières, les contemplatifs, les ermites. « Je les aime d'autant plus que je sais le dérisoire des honneurs auxquels je me complais. Ils souhaitent l'anonymat et moi, j'attends les applaudissements, les baisers de quelques jolies dames, des compliments de circonstance. Quel fossé entre nous! » Il avait du moins l'avantage de se bien connaître, il ne s'était jamais trahi, ses bonheurs étaient simples. Il n'avait de vrai plaisir qu'à l'heure des répétitions lorsqu'il venait passer son « examen d'orchestre ». Plus importante que toutes les acclamations était l'estime des siens. « Eux, ils connaissent la musique, ils ont l'expérience, ils ont entendu tous les autres pianistes, ils peuvent vous juger. S'ils apprécient mon style, si notre jeu est bon, je suis tranquille pour le concert du soir qui devient une formalité. L'adhésion des moines de ma chapelle me rassure. » Souvent, dans nos conversations, je m'inquiétais de savoir d'où lui venaient sa fougue, ses pulsions folles. « De l'estomac... On parle trop du cœur qui n'est pas plus qu'une montre faite pour battre la cadence et le temps. Quand nous sentons quelque chose de très fort, une émotion, c'est l'estomac qui est touché, c'est là que nous avons mal. Picasso, mon ami, détestait la musique, il n'avait jamais assisté à un concert, il n'avait pour toute culture que les pasos dobles des corridas, mais il aimait ma façon de jouer les airs populaires espagnols. Une nuit, il est venu à mon hôtel, je lui ai donné une tasse de thé et du cognac, et pour lui j'ai fracassé mon piano. Il était aux anges. Il m'a pris dans ses bras et il m'a dit : " Tu joues comme je peins, à grands coups d'estomac, c'est là que ça se passe. " Nous avions un estomac ensemble. » Dire simplement que j'ai aimé Rubinstein manquerait de force et de vérité. C'est bien plus que cela et je ne saurais l'analyser. J'appréciais son ébouriffante drôlerie qui n'avait pas de limites, mais aussi son caractère passionné, ses colères de « tonton-flingueur », ses petites vanités d'homme – « De moi, on ne peut être que jaloux » –, son besoin vital de s'enivrer aux sources d'enfance. Ainsi, le 28 mai 1975, revenant à Łódź, il avait épaté tous ses amis en désignant, plus de quatre-vingts ans après, chaque lieu : « J'ai retrouvé ma maison intacte, je pouvais raconter les chambres avant que de les montrer, surtout celle de mes parents où je jouais sur le piano tout droit, le petit piano; celle, étroite, où mes frères dormaient, puis la grande où étaient mes trois sœurs. » Sa mémoire fut toujours fidèle, il aurait pu dessiner chacun des jours de sa vie, leur donner une couleur. Il parlait sans cesse de la jalousie de sa femme Nela : « Ses inquiétudes, ses doutes auront été ses plus beaux compliments. Cela prouve qu'elle était comme aux premiers jours de sa passion. Quel homme peut se vanter de ça! Nous avions vingt-trois ans d'écart, elle a sans cesse conservé la distance. Elle est encore jeune. » Au soir de ses fêtes de nonagénaire, il avait eu l'espièglerie d'un reproche : « Si j'avais du tact, je saurais mourir tout de suite. » A dire vrai, il appelait le compliment, il ne souhaitait que durer, il avait encore tant de choses à apprendre. Avait-il souffert de l'antisémitisme? « Jamais... J'ai toujours été reçu avec un maximum d'égards. La gloire et la fortune font une race adorée de tous. Et pourtant, regardez-moi : j'ai l'air bien juif. Impossible de se tromper. Mais je ne suis pas naïf. S'il y avait demain un autre Hitler, j'aurais vite moins d'amis. » Comprenant, au bout de presque un siècle, que l'essentiel est ailleurs, Arthur Rubinstein nous a quittés le 20 décembre 1982. Je lui avais toujours dit que la mort ne sépare pas ceux qui s'aiment. Je tiens ma promesse. A chacune de mes visites à Jérusalem, je vais l'écouter sur son piano de marbre, au-dessus de la forêt, à quelques centaines de mètres de l'endroit où s'affrontèrent David et Goliath. Et j'entends aussitôt l'adagio du Quintette à cordes de Schubert.

22 octobre. Comme un point final à tous ces regards sur Arthur Rubinstein, ces vers de Paul Éluard :

> *En nous quittant*
> *nous nous souviendrons,*
> *En nous quittant*
> *nous nous retrouverons.*

23 octobre. Dans certains milieux affairistes de la télévision, la confraternité est une haine vigilante.

24 octobre.

La communication mal digérée conduit à l'in-communicabilité.

*

Ne pas prendre l'isolement pour la solitude.

*

Le vrai bonheur passe par la recherche de son propre silence.

25 octobre. Par coquetterie bizarre, partout, des gens que l'on croyait de qualité s'obstinent à ne plus jamais arriver à l'heure. Se vouloir en retard est une attitude de parvenu.

26 octobre. Assez cogité, soupesé, cette fois je plonge, je n'en peux plus de repousser à demain la vieille idée qui depuis quelques mois m'obsède : je veux, je vais lancer *ma revue*, dès le printemps prochain, et dans le dénuement le plus créatif (je n'ai pas le moindre sou pour l'entreprise)... Le pari, qui semble fou aux yeux de quelques-uns, témoigne pour d'autres d'une belle ambition. Osons donc. Pour ma part, j'ai la conviction absolue que le « produit » est attendu. La perspective d'épouser, à mon tour, avec les risques que pareille aventure comporte, la grande tradition des journaux de réflexion, m'est vraie joie. J'aime tant ces beaux objets de littérature et de carrefour des pensées que sont la *NRF, la Revue des Deux-Mondes, le Débat, la Règle du jeu, Esprit, Commentaires*, ou le non moins remarquable *Politique internationale*, qu'il me paraît indispensable de leur donner un confrère dans la discipline que je connais le mieux : *la télévision*. Si mal vue parce que si mal regardée. Si disponible à tous qu'elle ne convient à personne. Un statut shakespearien qui ne cesse de m'étonner. A elle aussi les grands espaces blancs, où ne s'imprimeront pas que des lignes-programmes! On oppose souvent l'écrit et l'image, tantôt pour prédire le déclin de l'un, tantôt pour s'insurger contre la fascination de l'autre. Unissons les différences, marions les mots. Je décide ce matin du titre que portera cette nouvelle revue trimestrielle : « Les Écrits de l'image ». Pourquoi ces « Écrits »? Parce qu'il me paraît urgent de promouvoir et de défendre une télévision de qualité, parce que les saisons ne sont pas si cruelles, parce que personne ne dit jamais l'essentiel de ce que vit cet art vilipendé et cependant admirable, parce que nous avons de bonnes raisons d'affirmer que la France est superbe créatrice d'images, parce qu'il importe de critiquer aussi sur des bases de stricte honnêteté, et parce que l'anecdote, d'évidence superficielle, a fait son temps.

2 novembre. Dans un dossier poussiéreux, des notes que je croyais égarées, éléments d'une conversation avec André Malraux à la suite de notre « Radioscopie » de 1973. Les mots, les phrases portent sa parole forte, saccadée, haletante, que j'entends : « Il faudra se décider, ou bien on veut une culture pour tout le monde, ou bien on veut une culture pour chacun. Ce n'est pas la même chose. La démagogie n'a jamais été un art. » Il s'emporte sur la télévision : « Ce bienfait est une monstruosité que personne, demain, ne saura plus contrôler. Une institution américaine vient de faire là-bas une expérience intéressante. Elle a désigné une centaine de bons bougres, auxquels on a donné un salaire tout à fait estimable pour ne rien faire pendant six semaines. Ils avaient toute liberté de se promener, de manger, de vivre pleinement, mais une obligation : *ne plus regarder la télé.* Il n'en est pas un qui ait tenu plus de quinze jours. Ils ont tous préféré renoncer à leur confortable pécule pour vite retrouver l'incroyable petit écran, cette usine à fantasmes... Étudiant ce mal du siècle, les biologistes estiment qu'il y a une hypnose de la télé, et cela tient en partie à ce que la lumière est projetée sur nous, alors qu'au cinéma, elle éclate sur l'écran. Nous sommes physiquement fascinés, occupés, éblouis, torturés. Inutile de nous révolter contre cette étrange boîte aux images, le phénomène est irréversible. Je me dois toutefois de préciser que si le cinéma est un art, la télévision est d'abord une distraction. » Je me souviens, nous nous étions gentiment querellés sur cette dernière affirmation, qui est l'un des motifs d'accusation préférés des intellectuels, trop enclins à croire que notre écran les prive d'un peu de leur pouvoir. Obsédant refrain. A la vérité, Malraux s'en amusait, car il se savait ailleurs, les choses de la télévision n'arrivaient pas à le bouleverser, et souvent, je me suis demandé, au cours de nos conversations : Où est-il? Où va-t-il? Que pense-t-il vraiment? Je n'ai jamais rencontré d'homme – à part Borges – à ce point habité par le mystère. Louise de Vilmorin m'avait dit un soir où je l'accompagnais au Crillon : « Personne ne connaît André, lui-même doute de ce qu'il est. Mais moi, je sais qu'il en joue. »

*

L'influence de la télévision sur la jeunesse inquiétait Malraux. « Elle la vieillit. Un enfant de douze ans se trouve avoir une connaissance générale qui est partiellement celle d'un adulte... Or, les classes d'âge ont été l'une des réalités les plus considérables de l'humanité... Demain, il n'y aura plus d'enfants, parce que les portes du monde sont trop largement ouvertes... Le téléphone déjà a tout transformé : vous pouvez être ailleurs tout en étant ici. Avec la télé, il y a maintenant une présence des choses tout à fait lointaines... L'ancienne structure des civilisations est défaite. Terribles en seront les conséquences... »

5 novembre. « Tu devrais faire une émission – pourquoi pas un film – sur tes aventures d'adolescent, m'avait suggéré un jour Philippe Soupault. Ça s'appellerait " Le Grand Ailleurs ". » Il aimait à entendre la petite musique de mes évasions, il s'étonnait de mes vagabondages, « mes bougeottes », précisait-il. « Mon petit, c'est immobile qu'on fait des révolutions. » Parlant avec lui, je renouais les fils de vieux tricotages asiatiques piqués dans des feuillets jaunis. « Raconte-moi », insistait-il. Et je le faisais rêver et je lui parle encore...

*

Nous étions vingt, nous avions vingt ans, nous nous appelions « Les fous du diable ». Nous nous étions connus au matin de la traversée de la mer Rouge – déjà mon deuxième voyage –, et nous eûmes l'idée un moment d'une raison sociale baroque : « Les vingt Rouges. » Cela faisait bêtement surréaliste, mais ne nous gênait pas, puisque avec quelque prétention, nous nous réclamions de ce mouvement. « Très bien ça », affirmait Soupault. Nous rêvions, nous dissertions d'Apollinaire, de Rimbaud, de Lautréamont, de Toulet, certains pensaient qu'il se trouvait parmi nous un Breton ou un Aragon, nous poétisions à tout va dans une inconscience superbe, nous avions en commun l'idée de l'ailleurs, un extraordinaire appétit de l'étonnement, nous nous voulions en quête. De quoi? La formule était si belle que nous n'en demandions pas plus.

Elle suffisait à notre ligne de marche. Nous allions dans le lointain Orient, au bout de l'extrême, moi j'y revenais, nous savions l'Indochine en guerre et la mort n'était pas moins séduisante que la vie. Nous étions déjà persuadés que nous ne reviendrions pas indemnes, et cette espérance de blessures marginalisait notre groupe. « Des fous », clamaient les autres. « Des anges », s'enthousiasmait Soupault.

Les « vingt » étaient amis, rebelles, féroces, intraitables sur le code de l'honneur. Évidemment, nous souhaitions changer la vie, gagner la paix aux frontières de la Chine, assassiner le communisme, ce fascisme des bien-pensants. Nous écrivions, nous nous lisions les textes à longueur de nuit, j'avais déjà publié un roman saïgonnais aux Éditions Catinat et on me jugeait suspect parce que je n'avais pas sacrifié d'entrée à la poésie qui était pourtant alors ma raison de vivre.

Si j'avais à mettre en images, comme le voulait Soupault, cette période faste de ma jeunesse, j'aurais surtout à traiter de la mouvance des noirs et des bleus, et surtout de nos refus, bien plus implacables que ceux d'aujourd'hui. Nous n'acceptions aucune tutelle, nous n'avions que le grand inconnu pour perspective, le fameux ailleurs, l'amitié pour bréviaire, la folie pour essentiel, nous avions ensemble condamné la maturité, nous étions vieux de naissance. Persuadés de la mort des dieux, nous devenions démiurges par intérim, nous nous pensions à la recherche des secrets du monde et nous ne voulions sauver que le feu. Notre slogan faisait sourire ou inquiétait : « Je revendique l'ivresse. » « As-tu réellement changé? » demandait Soupault. Ce n'est pas à moi de répondre, mais il est vrai que je ne rate jamais l'occasion d'attiser une étincelle de déraisonnable...

Je crois encore qu'il y a urgence à s'enivrer... Mais tout cela, cher Philippe, ne fait pas un film. Et puis, tout déjà a été fait. Tirons un trait.

7 novembre. A mon départ pour l'Indochine, mon père avait glissé une petite fiche bleue dans le porte-monnaie que nous avions acheté le matin même à Cauterets. D'une plume aux arrondis travaillés, il y avait inscrit, amoureux des citations, cette réflexion de Rainer Maria Rilke : « Seigneur, donne-moi une mort qui soit à moi, Seigneur, donne à chacun sa propre mort... » Il avait ajouté : « Le plus tard possible. » Comme la plupart de ceux qui regardaient ma « fuite », il pensait que je m'en allais vers des terres de désespérance, il me savait en danger, il n'avait pas tort. Nous étions vingt sur la mer Rouge, cinq seulement sont revenus. Quelques-uns de ceux qui sont tombés là-bas — disons deux ou trois — auraient sans doute honoré la littérature française : leurs écrits, publiés dans *le Journal d'Extrême-Orient*, étaient des chefs-d'œuvre de style... Les entretiens que je menais avec eux sur l'antenne de Radio France-Asie, à Saigon, à Hanoi, restent pour moi des moments rares de complicités romanesques. A des milliers de kilomètres de Paris, nous avions assez de vanité pour croire que nous étions encore de bons serviteurs du livre. C'était bien avant « Radioscopie », « Apostrophes » et « Caractères ». Sans doute étais-je en train de tisser mes futurs terrains de manœuvre. Mais qui aurait pu savoir...

9 novembre. Ce qui manque le plus à la télévision : une âme. L'Audimat – et souvent pour de bonnes raisons – a tué la gourmandise.

11 novembre. Ce novembre serait-il le mois des souvenirs? Le passé, qui n'est pas mon obsession, revient en force. Appelé par des rencontres inattendues. Un camarade vietnamien que j'avais connu magasinier à Radio Saigon – il en est aujourd'hui le responsable – me propose d'animer là-bas un cycle de formation des journalistes. Réponse hélas! négative, par manque de temps... Un ami français m'invite à venir découvrir les progrès de la médecine et du thermalisme en Chine. Impossible de dire oui, même motif... Une mission internationale d'observation des sites souhaite que je la guide dans un prochain voyage à Angkor. Il me faut encore me perdre dans un non définitif. Ils en sont désolés, j'en suis meurtri. C'est que le Cambodge est ma province, mon chemin buissonnier, j'y ai fait les quatre cents coups au meilleur des rencontres, j'y ai conduit Marcel Camus dans les mois bienheureux du tournage de son film *Mort en fraude*, mon sac lourd de tous les livres de Jean Hougron, j'ai été, trois mois durant, sans les quitter un seul jour, le pensionnaire des temples d'Angkor. Ah! les petits matins du côté du Bayon, sur la terrasse des éléphants, lorsque la lumière de six heures glisse sous les feuillages, lorsque les apsaras dansent sur la pierre et que l'immense tapisserie des bas-reliefs, d'émotion, paralyse le regard. Il n'est pas de plus beau spectacle au monde, d'architecture géométrique si parfaite, de chef-d'œuvre mieux conçu, splendide patrimoine de l'humanité. Je le promets à mes danseuses immobiles d'Angkor-Vat : je reviendrai...

13 novembre. Se battre pour France-Télévision, ce n'est pas attaquer TF 1, grande chaîne qui a fait ses preuves, ou M 6, en belle crise de croissance, ou Canal Plus, orgueilleuse et flamboyante citadelle. La concurrence est un bienfait des dieux. Nous ne saurions être différents s'il n'y avait pas les autres.

15 novembre. L'une des obstinations les plus perverses de notre société : *le contre-emploi.* La télévision est à ce point touchée qu'elle n'ose même plus s'en soucier. Et nous avons ainsi des gens de programmes qui ne comprennent rien à cet art, des gens de communication fermés à toute convivialité, des gens d'antenne parfaitement déplacés, des responsables sans enthousiasme seulement récompensés pour leurs compromissions politiciennes. Le temps des cadeaux est une saison de plus dans notre calendrier. Une sorte d'hiver prolongé...

17 novembre. Leurs goûts profonds : le général de Gaulle aimait « Intervilles », Valéry Giscard d'Estaing a une passion pour *Santa Barbara,* François Mitterrand aime *Dallas.* Le rappeler est une excellente contribution à l'Histoire.

*

Petite phrase entendue dans les couloirs de France 2, un dimanche d'« Heure de vérité ». Giscard d'Estaing demande à Hervé Bourges : « Est-il vrai que Virieu soit marquis? » « Oui », lui est-il répondu. Silence, puis commentaire de l'ancien président : « Nous sommes donc cousins. »

18 novembre. La télévision le montre quotidiennement, les images sont terribles : l'histoire se défait,
la confusion est extrême. Le monde va dangereusement dans toutes les directions, de Beyrouth à
Sarajevo, du Liberia à la Somalie; des peuples
partout sont en guerre, et dans nos univers pacifi-
ques, l'agitation est immobile. On se bat généreuse-
ment à ne rien faire. C'est l'air du temps de cette fin
de siècle. Les journalistes et les politiques s'adres-
sent à des millions de gens qui ne nous croient
plus, nos discours sur les nationalismes nouveaux,
le tribalisme, le racisme, le gangstérisme retrouvé,
les tueries multiples et les purifications scandaleuses
se heurtent à l'indifférence générale. Qui pourra
dire un jour ce qu'il est convenable de décider?

19 novembre. J'entends parfois : « Impitoyable, ce
monde de la télévision où chacun veut la place de
l'autre, où l'on se bat pour prendre l'antenne, où
l'on pousse à tout va... » Si c'était vrai, nous
serions en droit de croire qu'il existe une réserve.
Et nous serions heureux. Hélas! la réalité n'est pas
celle-là. Il n'y a personne... et c'est tragique. Pour
occuper les fauteuils glorieux des grandes heures de
l'écran, les gourmands sont évidemment légion,
mais le talent est rare et l'enthousiasme fait défaut.
Il n'est pas d'autre raison à l'emprise tutélaire des
gardiens actuels des meilleurs créneaux. Quand

donc viendront les grands hommes nouveaux? Nous sommes en attente de visages différents.

21 novembre. Journée France-Télévision à Budapest, sur le Canal 2 hongrois. Huit heures de programmes et parmi ceux-là le très beau *Soleil d'automne* de Jacques Ertaud. Ce qui me frappe : la passion de ces populations de l'Est pour notre langue, l'extraordinaire engouement des étudiants pour notre culture. Un jeu, joyeusement animé en direct par Dominique Alban et Imre Antal, nous a littéralement époustouflés. Les concurrents devaient reconnaître sur image des lieux historiques de chez nous, dire le nom des auteurs de certains poèmes. Ils n'hésitaient pas, Verlaine, Apollinaire, Prévert, Supervielle, n'avaient pas de secret pour eux. Je ne suis pas sûr que les Français auraient répondu avec la même allégresse. Tant de précipitation à notre rencontre témoigne des formidables possibilités de la francophonie qui n'est pas l'apanage des seuls Québécois, Suisses, Belges ou Luxembourgeois.

23 novembre. Bienheureuse réussite de François-René Duchable qui, patiemment, ardemment, vertueusement, a su installer sa carrière, mieux encore sa vie. Le voilà en plein épanouissement au sommet, à sa place dans le petit groupe des plus grands pianistes de ce temps. Chez lui et d'évidence, pas de gestuelle désordonnée. Seuls, l'inspiration, l'exceptionnelle technique, le charme discret et inépuisable des envolées mélodiques, comme des aubes glorieuses, des levers de soleil. Récemment, Chopin était à son programme sur la scène du Théâtre des Champs-Élysées, devant une salle comble, fiévreuse de bonheur à l'écoute des 24 Études, des 24 Préludes. Jamais dans son jeu le moindre soupçon d'effort. Des chatoiements et des coups de cravache. Quelque chose de magique. J'ai revu son premier « Échiquier » — il y a déjà quinze ans —, je me suis pris à penser qu'il méritait maintenant une autre soirée de télévision. A sa taille nouvelle.

24 novembre. Faire le procès de la télévision est un exercice si confortable que tout le monde s'y met, et le plus souvent, ce sont les moins doués qui mènent la danse. On peut briller en société quand on fait des mass media un bouc émissaire. Jean Cazeneuve, normalien agrégé, sociologue, président-fondateur de TF 1, confirme ce que nous savons déjà dans un excellent essai chez Buchet-Chastel, que je reçois à l'instant : « Quand on se demande si le petit écran a fait du bien ou du mal à notre civilisation, il ne faudrait pas oublier le comportement de l'homme moyen avec ce qu'il était avant l'apparition de la boîte à images dans le foyer. Que faisait autrefois le bon peuple de ses loisirs? Était-ce mieux, d'un certain point de vue, que de regarder la télévision? » A méditer pour mieux analyser. Cazeneuve s'interroge sur la trop grande personnalisation des débats, où l'on confère plus d'importance à la figure et aux comportements des candidats qu'à leurs idées et à leurs programmes, regrette l'installation abusive du star-system : « Une fois qu'un homme ou une femme a rang de vedette, toutes les portes de la fortune, de la gloire, lui sont ouvertes, et on l'emploie, pour ainsi dire, à toutes les sauces. Le comédien se met à chanter, le chanteur devient acteur. Les uns et les autres sont interrogés dans des émissions consacrées à la politique, à la littérature, aux problèmes sociaux. Ils donnent leur avis sur tout... » C'est la sotte aventure de cette fin de siècle; on s'autorise à tout commenter dans le désordre le plus total. Seuls les savants manifestent aujourd'hui une certaine humilité, le n'importe-quoi, ailleurs, devenant chef-d'œuvre. Jean Cazeneuve consacre une vingtaine de pages à la culture et bute d'emblée sur la sentence célèbre et mille fois citée d'Édouard Herriot : « La culture, c'est ce qui reste quand on a tout oublié. » Mais il est d'autres jugements et notre essayiste en fait la récolte : « La culture est la somme de tous les progrès de l'homme... », « Les arts, la science et la philosophie doivent former ensemble l'unité culture... », « Ni l'instruction, ni l'érudition ni la vertu ne sont la culture. La culture, c'est le sens de l'humain ». J'aime cette formulation de Gaston

Berger. Il en est d'autres... : « Le moment le plus favorable à la culture, c'est le moment où l'homme se repose, prend du recul et contemple... Un peuple cultivé, c'est un peuple qui sait prendre du repos. » On peut conclure en ajoutant seulement que l'homme vraiment cultivé ne fait pas étalage de ses connaissances : « La culture, c'est comme la confiture. Moins on en a, plus on l'étale »... et en affirmant, après enquête : « L'émission culturelle, c'est quand ça cause. » Naïf et révélateur. Au fait, qui peut m'adresser une définition plus convaincante?

1er décembre. Personne n'a encore vu le *long* film que vient de réaliser le prince Sihanouk sur son pays déchiré, le Cambodge. On peut espérer en la beauté des images puisque les temples d'Angkor constituent le décor essentiel, mais on doit s'inquiéter pour le scénario : le personnage principal n'est autre en effet que le royal artisan de sa propre fresque. Ce « coucher de soleil » sera-t-il une aube glorieuse? Un ami de vieille date − complice de mon adolescence à Siem Reap − a souhaité me persuader ce matin de la magnificence de l'œuvre. Comme il a du goût, je le crois, mais, parce qu'il est courtisan, je m'interroge : « C'est pour France 2 », m'a-t-il dit. A voir.

2 décembre. Les guerres souterraines à la télévision — et partout ailleurs — ne sont à la vérité que les fruits amers d'une succession de choix individuels dont on n'arrive plus à trouver l'essentiel harmonique. La querelle est ancienne et ne saurait avoir de fin. L'une des plus récentes escarmouches, née du départ bizarrement inattendu de Raymond Vouillamoz (France 3), met en pleine lumière un nom qui se voulait plutôt confortablement dans l'ombre : celui de Roger-André Larrieu, appelé à devenir son successeur. Au-delà des personnes, il y a problème et l'on doit faire ce constat : rares sont, en effet, ceux qui savent maîtriser les programmes d'une chaîne, cinq ou six à peine, tous réseaux confondus. Il faut à ce poste une multitude de talents, un charisme, une abnégation totale, un enthousiasme permanent, un amour fou de la télévision, une bonne carapace d'indifférence aux coups, un don d'appartenance au meilleur et au pire. On reconnaît un bon directeur des programmes à sa possibilité naturelle de regarder tous les écrans à la fois — le sien, celui de ses concurrents —, à l'excellence de la relation humaine qu'il entretient avec ses animateurs et les créateurs de toutes les disciplines, à son degré d'invention et d'écoute, à sa propre expérience du terrain. Et le mauvais? me direz-vous. Celui-là ne s'intéresse qu'aux chiffres, aux budgets, à sa petite gestion, à ses grandes peurs qui le dépossèdent de toute audace. Les idées ne sont pas de son monde, il ne vit que de l'alibi de ses pauvretés. Ne nous embarrassons pas de mots : un vrai patron des programmes doit revendiquer la folie. Et lorsqu'il s'agit de trouver la bonne âme, on n'a sur la liste préfabriquée que des prétendants trop sages parfois encombrés de recommandations politico-mondaines détestables. Cherchez l'erreur.

6 décembre. Michèle Cotta s'offre ce matin son plus beau cadeau de Noël : elle quitte TF 1. Certains diront qu'elle a été congédiée après une redoutable guerre de tranchées, étouffée par la boue de quelques dérapages rocambolesques. Une femme qui n'a rien à se reprocher — sauf de ne pas avoir osé la résistance — ne saurait faire la guerre au-delà d'une certaine limite. Est-elle, comme on le dit, victime de l'offensive généralisée du clan Europe 1 (Mougeotte, Carreyrou, Namias, Villeneuve, glorieux anciens de l'information moderne)? Je n'en suis pas si sûr. C'est bien plus subtil et férocement florentin. Le danger (ou le bonheur) se situe ailleurs. On pourrait supposer une rivalité Le Lay-Mougeotte qu'un jour prochain Martin Bouygues (fils de Francis) saura contraindre à son seul bénéfice. Loin des marigots encombrés, Michèle Cotta se découvre aujourd'hui un cœur plus léger, regarde un avenir sans problème et fait le compte de ses amis. Je suis de ceux-là.

7 décembre. Record battu pour le Téléthon : 309 millions de francs vont aider mieux encore la recherche sur les maladies génétiques. C'est le triomphe absolu, la confirmation de la générosité des Français; une telle collecte serait impossible ailleurs. Voici le beau résultat de notre commun combat contre la fatalité, l'espoir de grands soleils demain, le lever maintenant possible d'aubes nouvelles. Je me souviens de notre première aventure, nous étions si peu à croire mais si vite rejoints, je n'ai pas oublié notre étonnement : 180 millions rassemblés sur un coup de cœur en 1987. La chaîne de la solidarité ne s'est jamais brisée et l'on doit d'immenses mercis à Pierre-Henri Arnstam, Jean-Pierre Spiero, Gérard Holtz et Claude Sérillon, magnifiques marathoniens de ce défi renouvelé. Quelques-uns ont essayé l'an dernier de casser nos enthousiasmes après un stupide dérapage de Michel Gillibert, jaloux sans doute de nos succès ou trop enclin à vouloir les revendiquer. Bernard Barataud ne s'est jamais laissé prendre à ce jeu assez indécent, soutenu en cela par Hervé Bourges, et directement encouragé sur le terrain par Barbara Hendricks, notre marraine, qui a prouvé l'exemplarité de son dévouement. Pour elle, pour nous, cet hiver lyonnais aura été comme un printemps. Et je ne puis m'empêcher de revenir sans nostalgie, mais avec émotion, à nos premières rencontres, à tant d'« Échiquiers » qui furent ses vrais débuts média-tiques. Barbara était déjà la grande voix que l'on sait, elle est aujourd'hui grande dame. Seuls, les commencements sont beaux, disait le poète. Il avait tort, les arrivées peuvent être sublimes.

8 décembre. Dans mes papiers épars, je retrouve une petite note que m'avait glissée Claude Roy, un après-midi de « Radioscopie » : « L'art est le plus court chemin d'un homme à un autre. »

9 décembre. Cris d'effroi dans les gazettes d'apparat et les gargotes à la mode : « Bernard Kouchner en fait trop. » N'est-ce pas plutôt parce que les autres n'en font pas assez? C'est vrai qu'il tonne, qu'il hurle, qu'il dérange, qu'il agace, qu'il dérape. Tant mieux. Longtemps, il a été tout seul dans ses visites des misères du monde, mais il a réveillé les dormeurs du val, les pamphlétaires repus, on devrait le louer d'avoir si bien vitriolé les bonnes consciences anesthésiées, les dévots de tout poil qui font de l'humanitaire dans les dîners en ville. Que ceux qui se moquent prêchent par l'exemple et prennent à leur tour leur bâton de pèlerin entre Bosnie et Somalie. Il y a sans doute mieux à faire mais quoi, mais comment? Ils doivent savoir, eux, les virtuoses de la critique. De ce diable de Kouchner, mon père aurait dit : « Voilà un homme convenable. » Ils ne sont pas si nombreux de cette trempe, nous devrions nous poser quelques questions lorsque est lancé le mot « lâcheté »...

10 décembre. Les affamés de télé sont déjà en campagne et rêvent d'une nouvelle loi sur l'audio-visuel. Ils s'y mettent tous, les politiques, les revanchards, les amateurs, les pervers, les impatients des prochaines giboulées de mars. Dans cette symphonie une fois encore inachevée, les violons n'ont plus la corde sensible tant ils sont désaccordés. Les hommes providentiels sont subitement légion, chacun y va de son idée, de ses certitudes, prépare son petit massacre. On cherche des victimes, on choisit des candidats, on remet en selle les habituelles nécessités : « Il faut revoir Arte, il faut donner un sens (ou pas de sens du tout) au réseau de la Cinq, il faut être moins strict sur les quotas de production et de diffusion... » Il faut... Il faut... vieille rengaine. Pas le moindre projet à l'horizon mais l'insistante question d'usage : « Qui faudra-t-il récompenser? »

11 décembre. Toujours la même question : « Le petit écran ne vous manque pas? » Encore la même réponse : « La nostalgie n'est pas mon essentiel. » Lorsqu'en décembre 1989, j'ai pris la direction générale de l'antenne de FR 3, j'ai immédiatement abandonné « Radioscopie » et « Écran total » sur France-Inter, « Figures » et « Le Grand Échiquier » sur Antenne 2. On ne peut être, en aucun cas, juge et partie. Je l'ai fait sans états d'âme particuliers, convaincu qu'il s'agissait d'un nouveau défi. Le danger doit être constamment la nécessité. « Et demain? » me dit-on déjà. Sans le moindre complexe, je tenterai de me glisser ailleurs, peut-être très loin de ce poste de délégué général de France-Télévision que j'occupe aujourd'hui. La mouvance doit être notre obsession.

12 décembre. Face à la toute-puissance de TF 1, il n'y a pas d'avenir pour la télévision publique si on l'enferme dans des tâches de service bêtement fixées.

14 décembre. A Mogadiscio, une sinistre confrérie de lâches arrache les vêtements d'une jeune et ravissante Somalienne coupable d'avoir rencontré des soldats français pour quelques poignées de centimes. Le lynchage est atroce et nos braves militaires observent la scène, impassibles, les bras croisés. On leur a demandé de ne pas intervenir, ce sont des hommes de paix. Et nous contemplons ces images depuis nos pays d'abondance, à l'heure du dîner, entre poire et fromage, scandalisés sans doute mais aussi étrangement indifférents. C'est si loin! Nous sommes spectateurs du premier rang parce que des cameramen ont filmé la scène, sans honte, c'est leur métier. La mission d'informer va parfois jusqu'à cette abomination.

A l'exacte minute de la diffusion de ce reportage sur l'écran – est-ce un signe? –, j'ai près de moi le dernier ouvrage de Régis Debray, *Vie et mort de l'image*. L'image, la grande affaire. Tout passe par elle, l'œil l'évalue, la commercialise, avec nos instruments modernes de transmission. Elle stérilise, paraît-il, l'imagination, en annexant le réel et le vrai. Debray plaide pour l'invisible, c'est-à-dire pour la réouverture de notre champ de vision vers un au-delà. Il a raison, mais c'est une autre lâcheté de se fermer au monde.

15 décembre. Dans *le Canard enchaîné* : « Comment la télévision parle de littérature : du bout des livres. » Le mot vaut bien l'exagération de la chose...

17 décembre. Le tutoiement à l'écran est vulgaire et inacceptable. Faussement convivial. Ceux qui le pratiquent, souvent avec une indécence de midinette, appartiennent curieusement aux bas-fonds de la société médiatique. Les moins doués se veulent les plus fraternels.

18 décembre. Les sinusoïdales! Je nomme ainsi les personnalités qui épousent sans la moindre gêne les contours de la mode et, à ce jeu, ne craignent point de se contredire. Le souci de compromission n'est pas leur affaire, seul importe le manifeste de leurs impostures. Voyez les staliniens, qui furent dans cette moitié du XXe siècle les tristes étendards de ce qu'un peuple ignorant appelait espérance. Ils ont changé d'idole, déboulonnant sans vergogne leurs propres voluptés, et découvert à coups de reniements la Russie éternelle. « Le paradis soviétique » n'embarrasse même plus leurs vieilles nostalgies... Pensez à tous ceux qui collaboraient avec le Viêt-minh du temps des opérations indochinoises, manifestant pour lui, inconsidérément et bêtement, jusqu'à frapper les épaves qui avaient échappé au massacre. Rappelons l'attentat-faucille-et-marteau contre les blessés – tous aveugles ceux-là – à leur retour du Viêt-nam. Marseille n'a pas oublié. Les jeunes troupes de l'idéologie rouge avaient déjà du goût pour la bassesse. Ces imbéciles de sinistre volée se sont également réjouis lorsque les régiments de l'oncle Ho ont déferlé dans tout le Sud, envahissant Saigon pour mieux l'emprisonner. Ils criaient au bonheur retrouvé tandis que de nouveaux camps de concentration embastillaient, au

nom de l'éthique politique, les « abominables ennemis du communisme ». Il a suffi d'ailleurs d'un
exodus de boat people pour que leur sensibilité soit
enfin taquinée. Dès lors, émiettant leurs erreurs, ces
désespérés des mauvaises causes se sont lancés à
cœur perdu dans le sauvetage de tous ces égarés,
avec de l'amour plein leurs têtes de linottes... Que
dire de ceux – les mêmes – qui considéraient Pol
Pot comme le libérateur du peuple cambodgien!
Dans ces cas dramatiques, les intellos du frémissement du temps n'ont cédé à leur aveuglement que
parce qu'il y avait défaite. Leur lâcheté est telle
qu'ils furent staliniens sans être communistes et
bienfaiteurs sans être bienfaisants. La démagogie
est la seule corde de leur petite musique. Yves
Montand m'avait demandé un jour : « Dans ce
passage de ta vie, que retiens-tu de toi? » Grande
question. J'avais répondu : « Je ne me suis jamais
trahi. »

19 décembre. Il est « cet être libre qui toujours
chérira la mer », la mer et ses défis, la vie et ses
combats, les hommes et leur honneur. Jamais las de
courir le monde, Jean-François Deniau fait sa trace
et tente d'exprimer la paix sur les terrains où
s'instruit l'histoire de notre siècle. Ministre, ambas-
sadeur, député, ce politique qui ne ressemble à
aucun autre est d'abord baroudeur de l'impossible.
Mon père aurait dit : « C'est une conscience. » Je

l'aime tendrement et depuis de longues années, je sais que le ciré de ses aventures maritimes lui va bien mieux que l'habit vert, que les hautes vagues lui sont plus accueillantes que la Coupole, j'admire ses engagements, je suis sûr de pouvoir le retrouver partout où ça cogne, partout où l'on souffre, au Cambodge, en Afghanistan, au Liban, en Croatie. Dans nos discussions, au bout de nos interrogations, lorsque nous ne trouvons plus la moindre issue, il se console d'une phrase : « Nous n'arriverons pas à résoudre l'équation de l'horreur, mais il faut continuer. » C'est le mot de la fin et plus encore des recommencements. Il s'appuie alors sur mon épaule et je vis près de lui son autre combat, contre la maladie, contre le corps qui un jour dit « non », et qu'il maltraite – neuf opérations en quatre ans – pour mieux banaliser la douleur, la souffrance, les « grandes nuits d'hôpital ». Nous avons établi ensemble la liste des mots qui comptent : l'espérance, le courage, l'honneur, la vérité, la rébellion, l'âme. « Savoir dire les mots espérés est parfois plus important que d'aligner des divisions blindées. » France 3 fera bientôt son portrait : ce sera celui d'un atypique.

20 décembre. Des jours de bataille. Des articles par centaines : la stupide guérilla autour de « Caractères » manque singulièrement de tempérament et témoigne de la mauvaise qualité des rumeurs. Il n'est pire sourd que celui qui ne veut pas entendre. A la question : « Est-il vrai que Bernard Rapp disparaît de l'antenne? » j'ai vite répondu : « Faux. L'émission change simplement de créneau, Bernard souhaite présenter un nouveau concept sous un titre différent. » Étonné, je lis le lendemain dans la presse : « Rapp est renvoyé. » La volonté de nuire est évidente. Bernard, qui m'appelle immédiatement de Londres, en est conscient, il sait que des esprits chagrins vont profiter de cette péripétie pour entonner l'habituelle antienne de « l'absence littéraire » à la télévision. Nous décidons d'annoncer le magazine nouveau « Jamais sans mon livre ». Rien n'y fait, la polémique s'installe, et quelques écrivains fiévreux s'emploient à la nourrir. Martine Saada, collaboratrice de « Caractères » et, me semble-t-il, en dissidence depuis des mois, déclare à l'AFP : « Nous n'avons pas accepté le verdict de la direction, nous refusons de nous installer le dimanche à dix-huit heures. » Hélas! elle n'a pas la moindre autorité à manifester de pareilles intentions. Heureusement, Rapp réagit sur-le-champ : « L'émission se fera sans elle. » Affaire conclue; tout le reste ne sera plus désormais qu'amoncellement de broutilles.

Affirmons tout de suite que Rapp n'a pas démérité, bien au contraire; son programme sur France 2 a su séduire chaque vendredi un million cinq cent mille téléspectateurs – excellent score pour ce genre d'exercice. Il y a simplement nécessité de changement. Et puis, sans doute rôdent les vieux souvenirs, les nostalgies de fin de semaine d'autrefois. L'arrêt d'« Apostrophes » a créé un malaise difficile à apaiser. Bien des éditeurs, une majorité d'écrivains se sont retrouvés orphelins, privés de leur coquille médiatique, de leurs espérances commerciales. Assurant magnifiquement la relève, « Caractères » n'a malheureusement pas, à ses débuts, bénéficié d'un concours véritable de tous ceux qui se croyaient soudainement démunis. On ne parlait pas de Rapp, on continuait à se plaindre du départ de Pivot. Le premier s'étonne aujourd'hui que tant de gens viennent maintenant à son secours : « Je regrette vraiment qu'ils ne se soient pas signalés plus tôt... Mais c'est toujours ainsi. Je me souviens des commencements de Pivot. On lui reprochait alors d'être trop près des gens, trop loin du roman, trop démago, on l'accusait presque de vouloir faire connaître les livres au grand public. Puis est venue la gloire. D'une certaine manière, je me retrouve sur les mêmes sentiers. Ceux qui n'ont jamais défendu " Caractères " subitement se déchaînent et me veulent martyr. » Les temps ne changent guère, les bonnes âmes ont des réveils tardifs et les chroniqueurs des plumes légères. L'essentiel est dans la permanence, et puisque la belle aventure littéraire continue, pourquoi l'habiller de haillons? Rapp, qui poursuit sa course sur l'écran, au milieu d'une tempête qu'il n'a pas voulue, sait ce qu'il dira des livres, il sait aussi ce que les livres disent. A méditer, après tout cela, cette phrase de Louis

Calaferte : « La littérature est dans le silence, elle est sans rapport avec la télévision. »...

21 décembre. A ceux que l'on accuse de tous les maux, qui excitent la jalousie par des qualités trop apparentes, cette réponse d'André Gide, comme un alibi : « Ce qu'on me reproche, c'est moi-même. » Au grand écrivain, tout homme (toute femme) de télévision devrait emprunter sa curiosité pour les contraires, son goût pour le singulier, le rare et l'irremplaçable.

23 décembre. Sur une route de campagne, dans ma voiture, tard dans la nuit, la voix de Roger Caillois, au hasard de cette rediffusion d'une vieille « Radioscopie ». Quel prince, que cet homme du peuple! En 1951, le premier, il publiait Jorge Luis Borges, Alejo Carpentier et Mario Vargas Llosa. Il comprenait le monde en mouvement, il était explorateur des routes de l'Amérique du Sud, il aimait les correspondances et les signes, en faisait provision. Y a-t-il encore des baroques de son espèce?

25 décembre. Guetteur de sensations, goûteur de plaisirs, quêteur d'états d'âme, voici Daniel Boulanger, nouvelliste obstiné de notre littérature. Si l'avenir m'en laisse le temps, je ferai de lui un portrait léger tout en arrondis, pour aller jusqu'au bout de son inquiétude, au plus près de sa permanente interrogation : « Pourquoi le bonheur a-t-il pour moi, toujours, cette pointe de tristesse? » J'aime cet amoureux torride de « ce qui n'est plus, des êtres hors du temps, de tous ceux qui marchent à côté d'eux-mêmes ». Nous avons choisi Senlis pour donner du beau à ses brouillards préférés. Je serai fidèle à son souhait : « Mets du bleu dans mes ombres. » On passera par l'humour.

*

En guise de recommandation aux bavards de l'audiovisuel, cette réflexion de Franck André Jamme : « Les mots, il aurait fallu peut-être leur parler jusqu'à ce qu'ils se taisent. »

28 décembre. Disparitions en chaîne. Après Nathan Milstein... Nikita Magaloff. Chassés par la révolution soviétique – comme Horowitz –, ces grands musiciens avaient choisi l'exil sans jamais rien abandonner de leur identité russe. Je les connaissais, je les avais reçus, « Le Grand Échiquier » était leur tribune, leur scène médiatique, ils faisaient partie d'une caste que les mondes d'aujourd'hui ne sauraient réinventer. Ils semblaient d'ailleurs, ils avaient le grand âge pour s'affirmer différents, le malheur avait assuré leurs triomphes, ils exploitaient à fond cette grâce du dépaysement qui, par certains côtés, pouvait paraître perverse. J'étais proche de Magaloff qui fut souvent mon invité, surtout à la radio. Cet immense pianiste, impressionnant de facilité, souverain dans Chopin et dont Richter me parlait toujours avec respect, avait réalisé depuis longtemps pour lui-même l'Europe de la culture, bien avant celle des marchands. A notre dernière rencontre, sur les bords du lac, à Évian, il m'étourdissait encore de sa science, de ses souvenirs de piéton de l'univers, dans cette langue française qu'il maniait avec préciosité, au tournant de mots rares, inconnus de la plupart des gens de chez nous. Leningrad ne fut jamais sa ville, il restait de Saint-Pétersbourg. Rachmaninoff, qui l'avait conseillé à ses débuts, était son modèle, l'aristocratie son environnement naturel. Sa vie, privée, publique, mérite d'être donnée en exemple, c'était en tous points une leçon de style. Nous nous étions promis de faire un jour le bilan de ce XXe siècle à travers son itinéraire personnel. C'est raté.

29 décembre. L'éphémère, comme ardente contrainte et seule ligne de durée.

1993

1er janvier 1993. Itinéraire passionnel. Le Maroc est éventail de couleurs, ma route mandarine. J'y retrouve chaque fois les parfums, l'exotisme du lointain Orient, espaces d'évasion, incroyable palette. Après Casa la blanche, Marrakech la rouge ocre... Fès la bleue enfin retrouvée, doyenne des villes impériales, magnifique sous le soleil d'hiver et étonnamment froide au lever de la nuit. La médina, superbe, lance ses minarets vers le ciel, cache ses maisons décorées de zelliges, expose ses boutiquiers drôlement empressés, nous laisse imaginer ses fantômes. Depuis des années, je rêve d'un film qui saurait exprimer l'intime de cette vieille cité pudique que l'on croit en désordre et qui est un chef-d'œuvre d'unité. Une féerie qui rappelle Tolède, Cordoue, prolonge l'Andalousie. Tout ici est raffinement. Et le grand livre sur Elle ne fut jamais écrit.

Remparts immenses sur ces kilomètres de pierres roses, mausolées, mosquées, tuiles vertes, céramiques bleues, partout des jeux d'eau, des cascades qui tombent des murs, des filles ravissantes. Je suis au palais royal à cette première minute de l'année. Les portes, immenses, sculptées dans le bois et le cuivre, toujours ouvertes dans les épaisses murailles sarrasines, ont laissé passer tout à l'heure un peuple en fête. Que seront les nouvelles saisons?

3 janvier. Retour à Marrakech, que je regarde d'en haut à bord d'un hélicoptère, et qui m'apparaît d'une exceptionnelle beauté dans ses lumières violentes, ses zébrures de chaleur au plein d'une pluie de sable, ses toits vert émeraude, rouge ocre, bleu azur, et là-bas l'Atlas, immensément blanc, où j'irai skier tout à l'heure. Je ne suis pas sûr que l'image cinématographique puisse exprimer le plus exact de cette magnificence qui appartient davantage au pinceau du peintre, tant est riche de détails cette couronne de terres. Je connais les mille sillons de la ville, ses ruelles étroites, je sais la magie de ses pièges, toutes ses ruses, je peux faire la liste de ses grands prêtres parfois pris de folie dans le feu des soleils. Qui n'a pas subi les secousses de ces charmes pas même discrets, ignore complètement le bonheur rare de ce que l'on croit être le mystère.

Peu de cités suscitent à ce point les émotions les plus diverses. Angkor sans doute, sûrement pas Venise...

4 janvier. TV 5, une chaîne miracle qui vous permet d'entendre la France partout dans le monde... Désigné par Alain Decaux, alors ministre de la Francophonie, j'en ai été le président officieux avant de prendre la direction générale de l'antenne de FR 3. C'était en décembre 1989. J'en suis maintenant l'un des administrateurs. Grâce à elle, je ne me suis jamais senti en terre d'exil, ni en Russie, ni en Hongrie, ni aux États-Unis. Ce soir, à Marrakech, comme des millions de Marocains, je regarde le journal de 20 heures de Paul Amar. Rares sont les Français qui savent l'exceptionnelle importance de ce réseau. Je m'étonne d'ailleurs qu'il ne soit jamais cité dans les palabres de la commission Carignon. Étrange.

6 janvier. Les morts sont tous des génies, on les embaume, on les coule dans le bronze, des floralies leur font linceul; leurs meilleurs ennemis donnent tant de la voix et du cœur pour les honorer que les proches se condamnent d'eux-mêmes à l'effacement. Incontournable mascarade des faux-culs! Il arrive que des coups de poignard soient réhabilités par quelques larmes. En amour comme en politique, les retournements sont exagérés et souvent désespérants. Pleurer ce que l'on a massacré devient vertueux et rien jamais ne changera. Mélancolie de passage pour saluer celui qui nous quitte à l'instant et qui fut chassé de l'Opéra par des imbéciles de haute volée.

Rudolf Noureev s'en est allé rejoindre Nijinski du côté du mont Analogue cher à René Daumal. Le voilà encore en quête d'inaccessible! Il n'aura pas eu la fin qu'il se souhaitait, ce dernier jeté-battu sur la plus belle scène du monde, au finale de *la Bayadère*. Mourir sur pointes lui eût été signe de reconnaissance, éternelle récompense, dernière cabriole, comme une arrivée dans la trajectoire de son plus grand saut au-dessus du rideau de fer. Je l'avais accueilli dans « Le Grand Amphi », il y a près de trente ans, au lendemain de son passage à l'Ouest. Il avait déjà, mais provisoirement contenues, sa flamboyance, son agressivité, sa beauté d'envahisseur tartare. Il me disait alors : « Sauvage je suis, raffiné je serai. » N'ayant rien perdu de ses origines, il aura été dans son incroyable tourbillon d'une sauvagerie raffinée. Nous nous sommes beaucoup vus au tout début, je n'ai pas été son ami, pas même son camarade, il n'était pas fait pour les familiarités.

7 janvier. Tout le drame de notre époque réside dans cette constatation faite par un photographe d'« Envoyé spécial » en mission à Mogadiscio : « Ici, nous sommes cinquante, ce n'est pas énorme. Quand lady Diana vient à Paris, nous sommes trois cents. »

*

Personne ne peut dire aujourd'hui : « On ne savait pas. » Et pourtant, rien ne bouge. Indifférence criminelle seulement boursouflée de mots, de vaines promesses, de conférences à n'en plus finir. Bavardages frileux. Si on nous demandait au moins d'aller sur les crêtes de Bosnie, mais rien n'est fait, pas la moindre décision chez nos politiques simplement persuadés d'eux-mêmes. Combien de temps resterons-nous encore passifs? Combien faudra-t-il encore de femmes musulmanes « scientifiquement » violées? Bernard Kouchner a raison de poser les vraies questions. Le Conseil de sécurité des Nations unies serait-il toujours un « machin »? Désespérant.

8 janvier. Celui qu'en 68 – au temps de « Radioscopie » – j'appelais le « vieux galopin » est mort hier à Paris, sans doute de sa bonne vieillesse. Il avait quatre-vingt-quatorze ans et j'imagine aisément qu'au bout de sa vie, il se voulait encore farceur, provocateur, diable parfait du mauvais goût. Alfred Courmes cultivait l'excentricité dans un abracadabrant jeu de pirouettes. Comme je lui demandais un soir s'il n'y avait pas un peu de folie dans ses pinceaux, il m'avait répondu : « Non, simplement de l'enfance, et c'est ce qui fait que je suis un vrai peintre. » Il l'était en effet, et le Musée d'art moderne au Centre Georges-Pompidou ne s'y était pas trompé en lui consacrant une rétrospective méritée mais pour certains scandaleuse. Les bonnes âmes ne pouvaient oublier qu'il avait glissé le bibendum de Michelin dans les bras de la Sainte Vierge. Iconoclaste exercice, polissonne fantaisie d'acrobate surréaliste qu'avec pudeur et quelque obscénité il qualifiait de « pneumatique salutation angélique ». Que restera-t-il de lui? Un « Saint-Sébastien matelot » (sans pantalon), un magnifique portrait de Peggy Guggenheim, une galerie de couleurs naïves et – pour mieux retenir sa voix qui ne fut pas tellement entendue – soixante minutes de propos libres un après-midi de décembre sur France-Inter.

11 janvier. Petite conversation sans suite dans le hall de France 2. La dame est délicieuse, couverte de breloques, belle et démodée dans son tailleur Chanel. « Quel intello êtes-vous? » me demande-t-elle, de loin, ex abrupto. Une certaine bonne éducation me fait obligation de lui répondre, de près : « Nous ne croyons pas aux mêmes choses, les intellos et moi. J'aime le Tour de France, le rugby, le bon vin, l'amitié, la poésie, la musique, la littérature, un peu comme Blondin. L'intelligentsia, elle, n'a cru qu'au communisme, qu'au fascisme, qu'aux idéologies de passage, et se saoule aujourd'hui d'écologie. Je n'appartiens pas à ces chapelles. » Visiblement, elle n'a rien compris, mon discours ne l'intéresse pas, elle a sa petite idée : « J'ai un dîner demain que je voudrais amusant, pourriez-vous venir avec Pivot ou n'importe qui de très connu? » Elle dit tout cela le plus naturellement du monde, avec une naïveté crasse, un brin de bêtise. Ne sommes-nous, pour quelques-uns, que prétexte à lancer « Devine qui vient dîner? » — la petite phrase si empruntée que déjà usée? A la vérité, les gens du monde manœuvrent leurs soirées comme nous organisons nos débats. Partout le spectacle, et souvent un train de retard.

12 janvier. Sur son cercueil, deux petits chaussons roses. Rudolf Noureev a choisi le décor de son dernier opéra : les sapins, les clochetons à bulbe, les croix orthodoxes de Sainte-Geneviève-des-Bois lui font pour l'éternité une autre Sainte Russie.

13 janvier. Notre cher *Canard* affirme ce matin que je ne taris pas d'éloges sur Hervé Bourges. Ce n'est pas tout à fait faux, je confirme même que le bougre est en béton armé, avec toutefois quelques fragilités bienheureuses. La chance m'ayant installé dans le pré-berceau d'Antenne 2, j'ai regardé d'un cœur lucide le défilé d'une litanie de patrons. La liste est si longue qu'elle témoigne d'évidence de l'invraisemblable de nos maisons et des migraines de l'État. Des présidents d'avant, je ne retiens que Marcel Jullian et Maurice Ulrich. Choisir, c'est éliminer.

14 janvier. Dans une vingtaine de pays, la guerre fait encore aujourd'hui sa sale besogne. Chaque faction aligne ses communiqués glorieux. Et je me souviens de ce que disait mon père : « Toute victoire est une défaite, la défaite de l'homme. »

15 janvier. François Mauriac parlant de Jean-René Huguenin dont je relis *le Journal* : « Ce qu'il cherchait à fixer dans les mots, qu'était-ce après tout? A première vue, on pourrait répondre ce que Barrès appelait " cette petite agitation vers le bonheur par la tendresse " et qui est commune à toutes les adolescences. » On en revient vite et, parfois, ça dure toute la vie!

16 janvier. Je veux trop que tout soit possible. Je rêve d'émissions nouvelles, de têtes différentes, à la radio, à la télévision, mais il n'y a rien ni personne. Nous sommes en crise de talents.

17 janvier. Quelques têtes brûlées de l'opposition affirment que France 3 doit être « vendue par appartements ». Le changement n'est pas une braderie et cette idée est une stupidité.

19 janvier. Durand entre blancs et bleus, pour une commémoration baroque. Est-ce du café-théâtre? – non, ce serait écrit; est-ce guignol? – non, les pantins sont ici par trop pitoyables; est-ce le Casino de Paris? – non, ils n'ont pas osé inviter les girls. Alors? C'est grotesque, mais, dans le genre, au point limite du chef-d'œuvre. On voudrait résister, impossible : le garnement nous fait le coup du n'importe-quoi. D'où nous vient cette envie d'aller jusqu'au bout, comme hypnotisés? Le désordre et l'insupportable seraient-ils à ce point irrésistibles? Guillaume aurait-il cette grâce animale qui, pour un temps, le met à la mode? Des questions évidemment sans importance et qui cependant lancinent l'esprit le mieux averti. Sur Louis XVI, aux contours de ce deux-centième anniversaire que la télévision n'a pas su couvrir, le couperet tombe une fois encore, lourdement. Le régicide du jour s'appelle Clermont, fils du comte de Paris, prétendant au trône. Pour assassiner la monarchie, il n'est pas de meilleur bourreau, sa banalité et ses ignorances valent toutes les guillotines.

20 janvier. Il faut savoir écouter Paul Benmoussa, le bistrotier-chroniqueur du café Edgard. Sa dernière analyse puisée aux meilleures sources (Pierre Bérégovoy) nous donne les premières clés des gourmandises élyséennes : après mars, François Mitterrand désigne Jacques Chirac comme Premier ministre, enregistre son refus, ironise sur Édouard Balladur et choisit Raymond Barre. Les grandes manœuvres commencent. Et la télévision va perdre beaucoup de son audience aux heures des joutes politiciennes.

21 janvier. Jamais Louis XVI ne fut tant aimé par les républicains qu'en ce jour de célébrations tardives.

24 janvier. Véloce, charmeur, trublion, indifférent aux habituels conformismes, Bernard Kouchner sème la tempête, enchaîne ses accélérations humanitaires, défrise ses amis endormis et d'un coup (de fouet) rend la politique plus aimable, moins ennuyeuse, à certains égards nécessaire. Il n'a pas la malignité de Bernard Tapie, la componction de Jack Lang — personnages auxquels on voudrait bêtement l'accoler —, il déboule seul du fond de ses tranchées, passe les crêtes en gants blancs comme les saint-cyriens d'autrefois et crève l'écran de « L'Heure de vérité » naturellement, sans presque s'en rendre compte, avec une grâce d'enfant endiablé qui protège ses jouets. Il a un vrai talent, les acteurs devraient en prendre de la graine, il vous enveloppe de la voix et du geste, vous regarde droit dans les yeux, s'énerve, bondit de sa chaise — on pense qu'il va frapper —, puis sourit, se calme, jamais lassé de tant d'efforts. Il sait le rythme de ses envolées, la force des mots, sa capacité à convaincre. Pas le moindre creux dans la ligne de son Audimat, ses fureurs et ses tendresses font jeu égal. En soixante minutes, pas un téléspectateur perdu. Il « ping-ponne » avec lui-même et ironise. A Duhamel : « Je ne vous vois pas en première ligne. » Alain rétorque : « Vous parlez en général. » Kouchner le serre de plus près : « Évidemment, en général, mais aussi en particulier. » On passe à autre chose. Bon trois-quarts de rugby, le ministre — l'est-il vraiment? — fait une nouvelle percée, s'empare du ballon, va à l'essai, transforme. La partie est en couleurs. Virieu s'est mis en bleu, Kouchner en rouge framboise. Les vestes de janvier ont encore du panache.

24 janvier. Michel Noir en fureur aux Journaux de 20 heures. Ses « amis » lui ont glissé dans les pattes (et l'arène lyonnaise) un Mérieux de bonne facture. On aurait dû penser à Talleyrand : « Je porte malheur au gouvernement qui me néglige. »

25 janvier. Noté dans le numéro 1 de l'*Autre Journal* cette déclaration de Jacques Attali : « La meilleure façon d'annuler les dettes est de les annuler par la guerre : la meilleure façon de relancer les économies a toujours été l'industrie militaire et son usage. Aujourd'hui, si nous ne sommes pas capables de donner d'autres perspectives et d'autres solutions, c'est ainsi que cela se fera une nouvelle fois. » Réflexion de bon sens qui fait froid dans le dos.

26 janvier. Juste un regard sur les « affaires » et ce simple constat. Qui courtise-t-on le plus dans un dîner? Le prix Nobel ou l'homme d'argent? L'homme d'argent, évidemment. Qui méprise-t-on le plus dans ces mêmes agapes? Le même homme d'argent... dès lors qu'il est inculpé. Était-il honnête lorsqu'il était honoré, est-il malhonnête aujourd'hui parce que compromis? Ce sont les comportements qui sont étranges...

27 janvier. Toute une stratégie électorale dans cette seule petite phrase : « Ton monde s'écroule, Laurent. » Face à face sur France 2, Brice Lalonde et Laurent Fabius. L'effondrement d'une amitié. Lalonde appuie sur le poignard : « Les gens qui ont le cœur à gauche ne te croient plus. » Nul besoin d'en dire plus, la télévision fait son nécessaire et sale boulot.

28 janvier. Au Journal de France 2, des soldats serbes répondent à Martine Laroche-Joubert et croient pouvoir se justifier : « On a violé, on a tué. C'étaient les ordres. Le commandement nous y obligeait. » Les chefs d'État, ordonnateurs de crimes, méritent aussi la chaise électrique.

29 janvier. Magnifique pays qui n'en finit plus de s'inventer des Académies comme autant de Bals des Débutantes. Drouant, l'Institut, le Billard de Belleville ne suffisant plus au bonheur intellectuel français, voici, dans l'éclat des grandes pompes mitterrandiennes, l'inauguration d'un nouveau « machin » de la culture universelle. Pivot y est allé de son « Bouillon » pour saluer l'événement, aux côtés de ces personnages emblématiques que sont Umberto Eco, Yehudi Menuhin, Jorge Semprun, Bronislaw Gieremek. Manquaient au rendez-vous Élie Wiesel, Jorge Amado et la soixantaine d'autres stars de l'intelligence contemporaine. Il n'est pas de club plus huppé, plus chic, plus noble, que cette Académie née d'un pouvoir finissant, dans un but mal défini. Sans doute s'agira-t-il d'imaginer l'ordre nouveau? Bertrand Poirot-Delpech résume bien la situation : « Le tiers monde n'est pas représenté au sein de cette confrérie. Ce sont encore les riches qui pensent pour les pauvres. » Considérons que ce n'est déjà pas si mal.

30 janvier. Jean-René Huguenin, que j'ai si peu connu, mort avant que d'être écrivain, en 1962, à vingt-six ans, entre Paris et Chartres, sur une route de campagne, dans le fracas de sa voiture. Nous avions passé six heures ensemble d'affilée, un après-midi de décembre, aux Deux-Magots. Rien avant, rien après. Je relis son *Journal* réédité au Seuil. Portrait d'un jeune homme pressé, rebelle, impatient, faussement en colère, vraiment désespéré. Deux phrases qui le font revivre : « Je ne suis pas sur terre pour me ménager afin de mourir confortablement »... « J'en ai marre de vivre au ralenti. » Nous aurions dû être amis.

2 février. Est-ce son cœur qui a lâché, ou son corps, qu'il rafistolait depuis cinq ans, était-il à ce point en désarroi? François Reichenbach, que je croyais sauvé, n'aura pas su filmer son départ; pour la première fois, sa caméra est restée muette. Il m'avait téléphoné de l'hôpital, la semaine dernière. Pour dire amitié et merci. France 2 avait diffusé quatre de ses reportages. Il était heureux. Nous avions reparlé de notre grande idée : « Je quitte l'hôpital américain début février et nous nous mettons immédiatement au travail. Je suis d'accord sur le titre que tu as choisi. » J'avais imaginé en effet, avec la complicité de Pascal Josèphe, de rassembler, sous le label « Les années Reichenbach », toutes les images engrangées durant un demi-siècle et d'en faire le plus long métrage du monde. Le projet hélas meurt avec lui. Sa pudeur, son dilettantisme, son désordre désiré ont définitivement éloigné tout espoir de réalisation : ses milliers de kilomètres de pellicule sont aujourd'hui partout et nulle part. Je devine quelques traces du côté de la Suisse, peut-être chez son frère, mon ami Philippe, mais l'essentiel devrait d'abord être repris par un archiviste qui, je le crains, ne s'y reconnaîtra pas. Que de documents en perdition, et je parle d'expérience. Il avait filmé une bonne centaine de « Radioscopie » – Jean-Paul Sartre, Jean Rostand, Jorge Luis Borges, André Malraux, Roland Barthes, Philippe Soupault – et toutes les répétitions du « Grand Échiquier ». J'ai définitivement perdu ces moments d'exception que sont les premières rencontres d'avant le direct. L'arrivée en studio, la peur de la violoniste Anne-Sophie Mutter – elle avait treize ans –, du violoncelliste Yo Yo Ma – il en avait douze. La colère de Karajan, exaspéré par le retard de Rostropovitch, la valse de Vienne que dansait Horowitz, l'angoisse de Luciano Pavarotti à ses débuts. Tant et tant. Son œil était ouvert sur tout, nous le savions à chaque seconde en chasse, sur les pas de quelqu'un ou de quelque chose. Arthur Rubinstein m'avait dit un soir devant les caméras : « J'aime profondément François mais c'est un pervers, un effroyable voyeur. Dans ma salle de bains, je n'ose plus ouvrir les armoires de peur de le trouver dedans. » Il était ainsi, incroyablement présent à tout et absent à lui-même. Son œuvre répertoriée portera témoignage de ses curiosités, son journal intime me paraît à jamais perdu. De son passage dans notre cercle étroit d'amitié, je garde un masque mexicain qu'il m'avait offert en 1990. Mortuaire évidemment.

3 février. Les lumières du hors prime-time :
Mireille Dumas, Nagui, Christine Bravo, Caroline
Tresca, Bernard Rapp, Bernard Pivot, Michel Field,
Julien Lepers, Christian Blachas, Michel Denisot.
Ces animateurs illustrent, à des heures que je crois
privilégiées, la belle complémentarité de l'image et
de l'audience sur un mode mineur, souvent brillant,
parfois burlesque, mais ô combien réconfortant. La
télévision est toujours sauvée par les marginaux.

4 février. Il irrite, il enchante, il s'engage, il se
désengage, il réussit, il rate, il écoute l'autre et on le
croit surtout persuadé de lui-même, mais quelle
importance. L'essentiel tient à ce qu'il n'est jamais
en panne de curiosité pour l'aventure. Pour l'histoire – si du moins il s'y inscrit – Bernard-Henri
Lévy sera celui par qui les nouveaux philosophes
sont arrivés. Il aura dénoncé au bon moment, par
Pivot interposé, la « barbarie à visage humain », il
aura su reprendre le message d'Albert Camus qui
« se méfiait des révoltes au nom du bien ». Je me
souviens de sa première interrogation et de sa
propre réponse : « Pourquoi un intellectuel se
trompe-t-il?... C'est la question la plus énigmatique
qui soit. » B.-H. L. n'a pas changé; à l'angoisse
dominée, il ajoute ce jeudi le triste étonnement :
« Pourquoi n'ai-je pas été invité à " Bouillon de
Culture "? Bernard, qui a fait de moi ce que je suis,

aurait pu parler de ma pièce. Serait-il de la cabale? »
C'est mal connaître l'homme qui, depuis les débuts
d'« Apostrophes », n'a jamais sacrifié aux modes. La
vérité est plus simple : Pivot n'a pas aimé – contrai-
rement à moi – *le Jugement dernier*, et n'a pas
souhaité lui donner un prolongement antenne pour
s'éviter la peine de le torpiller. Cette absence
désirée ressemble à de la générosité.

6 février. France-Info. L'indispensable radio, et
cette petite phrase de Yannick Noah qui vous
cueille au volant ce samedi de froidure : « Arthur
Ashe m'avait donné le rêve. » Il parle déjà de lui au
passé, l'annonce met du brouillard au cœur. Le
gentleman a sauté bien avant l'heure de l'autre côté
du filet : « Avoir le sida, disait Arthur, c'est comme
vivre dans le couloir de la mort, sans savoir quand
on sera appelé. » Il devait être ardemment désiré.
Nous nous étions beaucoup vus dans les années
quatre-vingt, j'appréciais sa discrétion, son élégance, ses manières de grand seigneur et plus
encore son toucher de balle incomparable, précis,
léger, retenu. Seuls, comme lui, Nastase et Connors
jouent sur la même corde sensible. Arthur Ashe
aura manqué de temps pour engager les grands
affrontements contre le racisme et la maladie. « Le
bon combat est celui que l'on mène jusqu'au
bout. » Encore un set gagnant.

7 février. D'accord avec Jorge Semprun, écrivain français, ancien ministre espagnol de la Culture : « Il est temps de se battre, de ne plus supporter, de ne plus tolérer cette complaisance envers la dictature de Fidel Castro. » Les protecteurs actuels du régime de Cuba – intellectuels pour le moins fatigués – sont ceux qui honoraient hier Lénine et Staline. Se tromper est sans doute une errance d'esthète. Ne pas se remettre en question est une malhonnêteté.

8 février. Si le « Le Grand Échiquier » existait encore, elle en serait la révélation, comme le furent autrefois Anne-Sophie Mutter (à treize ans), Yo Yo Ma (à douze ans) : Sarah Chang a onze ans, son violon est pure merveille, sa technique irréprochable, sa sonorité lumineuse. Aux « Victoires de la musique », où passent ce soir des adultes déjà tordus par le succès et le commerce, je suis ému par ses pudeurs de petite fille, son exceptionnelle assurance de grande interprète. Près d'elle, attentif, subjugué, Yehudi Menuhin qui pourtant a tout entendu. Elle a déjà joué avec Zubin Mehta et l'orchestre de New York, avec Ricardo Muti et l'orchestre de la Scala, Charles Dutoit l'a choisie pour Tchaïkovski. Pas de doute, elle peut être l'une des plus grandes violonistes de ce siècle, mais je crains que les triomphes ne viennent trop vite à cet âge trop tendre. Qui saura la conseiller, mieux encore l'aimer pour éviter toute exploitation?

9 février. François Mitterrand, premier chef d'État occidental à se rendre au Viêt-nam. Beaucoup jugeront que la visite est prématurée, mais il est évident que nous devions être — en considération du passé — les premiers à déclencher un processus de normalisation. Sur mon écran, des images d'un pays que je n'ai plus revu depuis près de quarante ans, une adolescence blessée, une flambée de souvenirs, drames et bonheurs mêlés. L'ami Schoendoerffer est revenu sur le terrain des souffrances, il sait que la collaboration avec les anciens adversaires est une expérience bouleversante, une noble aventure, à l'honneur de nos deux nations. Contre Bigeard et Geneviève de Galard, qui ont leurs bonnes raisons — qui (comme nous) n'oublient pas —, il a choisi l'immédiat rapprochement. Je suis de son côté. On ne saurait confondre les régimes et le peuple. Le général Giap parle aujourd'hui de « sa sympathie pour les Français », je le crois. Il n'y eut jamais de haine, seulement la sale guerre commandée par un gouvernement de gauche et perdue par des politicards sans morale. Abandonner ce lointain Orient serait maintenant une lâcheté de plus. Il n'empêche que l'État là-bas est encore policier, contraint par le dogme communiste, Lénine a toujours sa statue à Hanoi, les camps regorgent de prisonniers politiques, la liberté est bafouée. Mais il importe de semer de nouvelles graines sans croire pour autant à de superbes moissons. L'utopie est aussi un art de vie.

10 février. Bernard Rapp a bien raison d'épingler Michel Polac, faux agitateur et vrai poujadiste. Il n'est pas, dans nos métiers, d'homme élevant à ce point le mépris à hauteur d'institution. Mais c'est un mépris de circonstance et nous devons nous en tenir à cette évidence : Polac n'a jamais été remplacé.

14 février. Douze ans n'y auront rien changé. Comme en 1981, voici venu le temps des récompenses. Cette fois-ci, évidemment, elles sont droitières mais, comme toujours, offertes aux plus médiocres, gens de patience, habiles courtisans. Rien n'est encore décidé, pourtant, on devine...

15 février. Plus que de la déception : une interminable indifférence. Je n'ai jamais décollé, pas eu la moindre émotion pour une œuvre qui, d'ordinaire, donne la chair de poule : cette *Traviata* me laisse de marbre. Ne parlons pas de Grüber, dont la mise en scène tient davantage du tombeau que de l'autel, ses bacchanales ont des airs de requiem; il n'a rien compris à Violetta, la courtisane soudainement encombrée d'amour. Il ne savait déjà rien de la Walkyrie, il y a vingt ans. Chez lui, la mort plutôt que l'embellie. Pas de musique flamboyante échappée de la fosse, quelques accents, des cordes qui font des nœuds, le Philharmonia de Londres (pourtant magnifique) – dirigé par Antonio Pappano – en permanence retenu. Jamais le grand large, parfois tout de même des secondes de tendre intimité. On finit par en oublier les voix : Giusy Devinu a un timbre splendide, elle est belle, élégante mais hélas condamnée à une forme d'absence. Son ténor d'amoureux, son Alfredo, est fade, gêné aux entournures. Heureusement il y a le père, Victor Forrès, efficace. Le Châtelet, qui est un temple du bon goût, méritait meilleur sort. Verdi ne s'est pas écouté cette nuit, il a seulement entendu le chahut final d'une partie (italienne) du public en cabale. Enfin la passion retrouvée...

16 février. Une petite phrase parmi tant d'autres. A propos des affaires, Roland Dumas évoque un climat de préfascisme et lance : « La justice en France est sortie de son lit. » Et Jean-François Deniau répond : « Fallait-il qu'elle restât couchée? »

17 février. *Le Nouvel Observateur* demande : « Avez-vous lu le programme de la droite? » Il y a quelques années, on interrogeait pareillement : « Connaissez-vous le programme commun de la gauche? » On parle de programme parce qu'il n'y a jamais de projet, comme à la télé.

18 février. Dix-huit millions de téléspectateurs sur TF 1 pour un adieu d'amitié à Patrick Roy. Je ne le connaissais pas, je le rencontrais aux petits déjeuners du Fouquet's où il animait l'émission matinale de RMC, avec l'ami Pierre Douglas. Un matin, timidement, je dirai même délicieusement, il vint vers moi : « Je vous ai fidèlement écouté pendant des années mais il ne peut rien y avoir entre nous puisque vous ne m'aimez pas. » C'était murmuré avec tant de gentillesse et de presque tristesse que j'en fus gêné. Il y avait dans son œil une lumière d'enfant. A la vérité, c'est son émission « Le Juste Prix » que je n'appréciais pas et je n'eus pas l'impudeur de me démentir. Il comprit vite qu'une conversation sur nos goûts en matière de télévision s'avérait difficile, ce qui, peut-être, n'était pas tout à fait exact. Nous nous mîmes à parler vieilles voitures. Nos routes subitement devinrent moins encombrées.

19 février. Désespérant constat. Personne à l'horizon pour épauler (ou combattre) Drucker, Cavada, Gildas, Nahon, Foucault, Pernoud, Sébastien, Lepers, Bouvard... au dangereux carrefour de 20 h 50. Une multitude de prétentions, de vieux pros qui n'osent plus affronter la difficulté, mais pas la moindre révélation.

*

Petite valse sur déclin du pouvoir. Comme un bal des damnés. Tout commence dans la gentillesse, la délicatesse, l'informatif. Bernard Pivot, précis et disert : « Qu'avez-vous fait de vos dix ans? » Jack Lang, attentif et crispé : « Nous avons ouvert le monde aux créateurs. » La courtoisie de ce préambule sent toutefois le soufre, la tempête est dans les regards, c'est un bouillon de bataille qui se prépare. Le ministre a convoqué ses mousquetaires : Pierre Boulez, Edmonde Charles-Roux, Didier Fusilier, directeur de théâtre à Maubeuge. Face à eux, seul, Michel Schneider, qui a provoqué la rencontre en publiant *la Comédie de la culture*, féroce pamphlet. L'iconoclaste a été, rappelons-le, directeur de la musique et de la danse, rue de Valois. Il en est sorti meurtri, convaincu que sa démission est une déclaration de guerre. Son visage d'avant le combat, en direct sur l'écran, paraît tiré mais le regard est clair, l'attitude sereine; l'ancien collaborateur a décidé de frapper dur, rien ne saurait l'arrêter. On attend la première pique, elle vient vite, fait mal, touche au

94

plus sensible. Elle se résume à ce constat : « Toute la politique du ministre est du domaine du superficiel et du copinage. De grands travaux sans doute mais de la petite besogne. Une succession de mises en scène. Postures et impostures, médiocrité et délation. » Je ne suis pas sûr que Jack Lang ait bien lu le livre de Schneider avant l'affrontement, il aurait dû noter cette phrase : « Je me suis souvent consolé en me disant que ce qu'il y avait de bien avec les traîtres, c'est qu'il suffit d'attendre qu'ils trahissent celui pour lequel ils vous ont trahi. Cela arrive toujours. » D'évidence, Schneider est un ami blessé. Un homme d'expérience bien renseigné aurait pu désamorcer pareil libelle en condamnant l'attaquant à la défensive par l'unique jeu qui vaille : la séduction. Or, ce fut le contraire qui arriva, la faute fut commise, Lang se fit lointain, Boulez devint boulet. Il avait mission de contrer Schneider dans une sortie de tranchées qui l'exposait dangereusement. Le pape de la musique contemporaine (grand chef de surcroît), dont les silences au début de l'émission en disaient long – il suffisait de l'observer –, voulut tant faire pour la préservation de l'image ministérielle qu'il en dérapa, à coups répétés d'insultes pauvrement efficaces. Qu'un personnage de cette trempe s'adosse au mépris pour clouer l'adversaire au pilori est cruel étonnement. Le boomerang était malencontreusement appelé, Schneider sut s'en servir : « Boulez, ça ne déplace pas grand monde, ce n'est pas le métro, c'est chic, ce n'est pas choc »...

« Boulez, splendide bradeur des deniers publics »...
« Boulez courtisan »... « Boulez copain »... « Boulez, musicien officiel de la gauche démocratique, qui produit six minutes de musique en deux ans pour un public de six cents personnes dans une orgie de milliards de budget. » L'auteur de *la Comédie de la culture* argumente avec douceur et détachement, sûr de lui. Sur le visage, cette absence de sourire qui atténue le dédain. Lang, enfin, semble répondre au livre. Schneider rétorque : « Je suis seul, vous êtes quatre. Lorsqu'on fait donner la vieille garde, c'est qu'il n'y a plus de troupe. » Il feuillette un énorme ouvrage : *1981-1991*, édité à la gloire du prince de Valois. La coupe est pleine, les jeux sont faits, les facéties de Fusilier – remarquable jeune homme – n'y pourront rien, le bouillon est par trop épicé et Pivot a choisi son camp. Subitement, ils sont deux contre quatre. Nous aurions dû conseiller le ministre, le convaincre de venir seul, il en aurait brillamment réchappé. On est souvent perdu par ses amis.

22 février. Quel bonheur de retrouver Prague dans cette réadaptation du *Senso* de Visconti. La nouvelle version de Gérald Vergez sur France 2 n'a plus rien à voir avec l'opéra tragique du grand cinéaste italien. Ici, c'est le plein noir des sentiments, la triste chevauchée d'une femme insatisfaite qui s'éblouit cruellement de toutes ses trahisons et s'en vante : « Le pire, c'est que je me suis pardonné », dit-elle. A méditer en d'autres occasions. A retenir également cette perfidie : « Pour un séducteur, il n'y a pas de meilleure réputation que la mauvaise. » On peut en changer le sujet, elle est toujours d'actualité.

23 février. Guy Dejouany, P-DG de la Générale des Eaux, souhaite créer sur le câble une chaîne parlementaire qui « saurait retransmettre l'ensemble des débats du Sénat, de la Chambre et des autres institutions ». Ce projet me paraît inspiré par l'excellente initiative de France 3 qui a déjà imposé avec succès ce style de direct. Donc, rien de nouveau mais une saine volonté de copier ce qui marche. Attention toutefois : le téléspectateur ne supporterait pas n'importe quelle diffusion. L'Assemblée nationale, oui, le Luxembourg, oui et encore à condition que ça boxe, mais le CSA, quel mystère !

24 février. Tristesse au 18 de l'avenue Élisée-Reclus, sur le Champ-de-Mars. Traces effacées de mes anciens passages : je venais ici visiter Sacha Guitry, dans son immense salon haut de plafond, entièrement couvert de tableaux. A la mort du dandy, nous rêvions d'un musée, ainsi le bel hôtel particulier eût été au moins sauvé. Hélas! les faux génies de l'architecture en ont fait un immeuble-taudis, craquant de tous côtés du mauvais goût le plus abject. Pour un peu, on verrait du linge aux balcons.

25 février. Heureusement qu'il y a cet appel de Stéphane Durand-Souffland du *Figaro* : « Est-il vrai, monsieur Bourges, que vous ayez des actions dans l'une des sociétés de Pierre Botton? » Le président de France-Télévision tombe des nues et flaire la menace. On nous annonçait depuis quelque temps un gros coup, « une perfidie incontourna-ble », disait-on dans certains milieux. « Nous sommes en possession d'un document, poursuit le journaliste, quelques pages dactylographiées reti-rées au greffe du Registre du Commerce et appa-remment certifiées conformes. Qu'y lit-on? Que le capital de la société Enfin, fondée par Yves Mou-rousi et dont Pierre Botton était l'actionnaire prin-cipal, comptait également Hervé Bourges dans ses rangs. D'après ce document, Botton détenait six cent quatre-vingt-dix-huit parts, Bourges trois cents et Mourousi deux. » Bourges nous réunit dans l'heure, il y a là Pascal Josèphe, Georges Vander-schmitt, directeur général de France 2, Bernard Montanier, François Tron et moi. Les choses vont vite, il nous faut ce document, nous l'obtenons en fin de soirée. Tout ce qu'a dit Durand-Souffland est exact. Nous examinons les pièces, chacun à notre tour, et très vite, nous sommes persuadés de cette évidence : *c'est un faux*. Le paragraphe des porteurs d'actions, en milieu de page, est d'une frappe différente de ce qui précède et de ce qui suit. C'est un rajout assez grossier. Le plus simple est d'obtenir l'original. Il nous est immédiatement communiqué. Plus de doute, le nom d'Hervé Bourges n'y apparaît pas. On lit : « Botton : neuf cent quatre-vingt-dix-huit parts, Mourousi : deux. » On devine la machination. Une affaire commence. Nous avons maintenant nécessité d'aller jusqu'au bout.

27 février. D'abord merci à Stéphane Durand-Souffland qui a levé le lièvre et, en nous prévenant, désamorcé la bombe. Il y a faux et usage de faux, diffamation envers un particulier, évidente intention de nuire. L'affaire est rocambolesque puisque conduite par un journaliste de TF 1 qui a tenté de faire publier par *le Figaro* un document falsifié visant à impliquer le président de France-Télévision dans l'affaire Botton. Incroyable et désespérante manœuvre. Tous les journaux, toutes les radios parlent de « machination avortée », de « scandaleuse provocation », de « lamentable dérive »... Nous ne pouvons en rester là, il nous faut savoir quel est ce journaliste, quelles sont ses motivations. En une seule petite saloperie, notre métier en prend un sacré coup.

28 février. Madonna chez Christophe Dechavanne. Consternante vacuité. Elle, sans intérêt, mal fagotée, même pas scandaleuse, pauvre de tout charme. Lui, absent, comme gêné, éclaboussé par tant de médiocrité. Leur conversation? Une traversée du désert.

*

L'Allemagne compte douze millions de foyers câblés et la France ose parler de « frémissement », d'« embellie » sur ce même secteur, alors que nous ne dépassons pas encore le million de prises. Toujours ce besoin ridicule et prématuré du cocorico lorsque nous sommes en souffrance.

MATINS DE MARS

L'époque est malsaine mais à ce point, tout de même! On se croirait dans l'univers assassin d'un service secret où les espions – tant mieux – n'auraient aucun talent. Le scandaleux de la machination est corrigé par l'amateurisme des tireurs de fils. Cruellement puérile, la démarche de ces lâches confrères! L'affaire heureusement est totalement enrayée, démontée. J'ai honte pour eux. Nous avons mis très peu de temps à tout savoir, à tout comprendre. Le dossier de la perfidie est complet.

Les journalistes du *Figaro* racontent maintenant par le menu comment Aymar du Chatenet – c'est lui –, enquêteur (paraît-il) de la rédaction de TF 1, est venu « leur apporter le 24 février un document falsifié tendant à impliquer Hervé Bourges dans l'affaire Botton... Les faussaires exigeaient une publication dans l'édition du lendemain ». Non seulement voyou, notre homme, mais de plus imbécile. On nage dans l'absurde. Un incertain Philippe Palat participait à l'opération. Ratage des ratés. Peu m'importe la médiocrité de ces individus qui, aujourd'hui, n'en peuvent plus de demander pardon dans des trémolos poujadistes, il faut vite oublier leurs noms – ils ne sont que des facteurs – et remonter à la source. Qui a commandé l'opération, qui a rédigé le faux? Nous avons notre petite idée, les langues se délient. On nous fait partout le récit des ravissements incontrôlés de ceux qui, il y a dix jours, annonçaient en apartés et entre Edgard et Fouquet's la sortie prochaine d'une « affaire Bourges » : « Ce sera terrible, disaient-ils, il n'est pas interdit d'imaginer la chute de France-Télévision. » Dans ces cas-là, on pose toujours la question bateau : « A qui profite le crime? » Les moins avisés sauront répondre et mieux encore si l'on précise, selon les informations de la presse, que « l'arrivée d'Aymar du Chatenet au *Figaro* avait été annoncée au préalable par un coup de fil d'un directeur de TF 1 ».

« Qui est le faussaire en chef? » demande André Rollat dans un excellent article du *Monde*. La rumeur mauvaise évoque à mots susurrés l'incroyable inconscience d'un homme qui aurait tendance à se prendre – sur cette chaîne concurrente – pour l'éminence grise de la CIA, du KGB et de tous les renseignements généraux réunis.

Minable affaire de truands bourgeoisement installés. Preuve irréfutable de la dérive de certaines mœurs dans le paysage médiatique hélas encombré de calamiteux.

*

Prises entre les lignes et tirées d'une interview de George Steiner à *Globe Hebdo* cette semaine, ces petites phrases prophétiques à méditer pour éviter de sombrer un jour dans d'autres maladies incurables : « [...] Je ne crois pas à de grands mouvements de masse de type fasciste ou fascisant [...] Mais je crois à quelque chose de suavement horrible [...] Viendra le temps où l'on donnera de l'aspirine sous une autre forme, chaque jour, pour calmer les esprits ; il ne faudra travailler que trois jours et demi par semaine ; il y aura une télévision holographique, à trois dimensions et odoriférante, devant laquelle seront assis des milliards d'hommes, une télévision partiellement pornographique – de pornographie douce pour les jeunes et " hard " pour les autres [...] L'Europe, maintenant, pourrait tout vendre. Si le prix était adéquat, elle vendrait Buckingham Palace pour en faire un motel hawaiien. Voilà ma vraie peur : non pas l'hitlérisme, mais *le sanatorium des souriants désespérés.* »

7 mars. Patrick Poivre d'Arvor invité d'honneur de « Zone interdite » sur M 6. Douleur, sincérité, surexposition du personnage. Quand cessera-t-on de le torturer? Après l'inculpation, pourquoi pas la prison? Personne d'ailleurs n'y trouverait à redire tant la lâcheté est devenue monnaie courante. L'attaque est plus indigne que la faute.

8 mars. La vie des morts n'aura jamais été à ce point exaltée. Au théâtre des Champs-Élysées, l'aigle noir de la malédiction planait douloureusement sur les césars, c'était une sorte de requiem sans, hélas, la sublime musique qui convient à pareil recueillement. On s'amusait à contresens, dans le souvenir de ceux qui sont partis avec, comme un fil rouge, des moments d'intense émotion. Au plus profond de la sincérité : Romane Bohringer, belle et pathétique. Promue « meilleure jeune comédienne », elle parlait à Cyril Collard, là-haut, et il n'y avait plus qu'elle et lui, lui que l'on savait arrivé : « J'espère que tu es fier de moi, Cyril. Je suis sûre que tu as déjà trouvé de la pellicule et une caméra. Ici, tu gagnes, ailleurs, tu gagneras. » C'était simple, naïf et chaud comme *les Nuits fauves* qu'un immense jury de professionnels avait plébiscitées bien avant la chute de son metteur en scène. Mais il est vrai que la mort soudainement devenait trop proche, elle pesait sur la soirée jusqu'à la mettre en berne. Et la disparition des autres, tant d'autres – Jacqueline Maillan, Audrey Hepburn, Jean Poiret, François Reichenbach... –, ajoutait à la mélancolie. On y perdait tout sentiment de joie. Heureusement, en fin de programme, Marcello Mastroianni, magnifique de désinvolture, charmant et désenchanté, sut corriger à sa manière le tir mauvais du sort : « Quand je ne serai plus là, ne parlez pas de moi ici, je vous en prie. » Tout était dit. Prenons-en de la graine pour l'an prochain, entendons-nous sur la pompe d'une telle cérémonie, de grâce, qu'elle ne soit plus funèbre.

9 mars. Alexandre Soljenitsyne, toujours exilé dans le Vermont, aux États-Unis, se prononce aujourd'hui pour un pouvoir présidentiel fort en Russie. « Les réformes des quatorze derniers mois ont plongé les gens dans la pauvreté et le désespoir. » L'écrivain semble deviner le pire et nous sommes nombreux à nous inquiéter. Je pensais que la partie était gagnée, la liberté conquise, l'avenir politiquement dessiné, malgré les querelles. Les images des actuels soubresauts, portées par la télévision aux quatre coins du monde, sont comme des avertissements. J'entends déjà des bruits de bottes mais peut-être – tant mieux – n'ai-je pas l'oreille très fine.

*

Le Canard enchaîné livre une confidence de Patrick Le Lay que je lis comme une menace : « Des guignols, de pauvres guignols! Quand on a envie de jouer les Machiavel, on s'en donne les moyens. Et ce que je viens de voir – le fameux document falsifié – est pathétique de connerie. » Bien noté, monsieur le président.

*

« Mediatic, Mediatoc », titre encore *le Canard* qui nous apprend la disparition avant naissance du magazine de TF 1 sur les médias, annoncé à grand renfort de déclarations tonitruantes. J'en veux pour preuve les fanfaronnades de Charles Villeneuve, son concepteur : « Nous dénoncerons la machination et les à-peu-près... TF 1 est un porte-avions qui se dote, avec " Mediatic ", de l'arme nucléaire tactique. L'émission s'inscrit dans une politique de dissuasion. Nos adversaires sauront que cette arme existe, même si nous souhaitons qu'elle ne serve pas. » On reconnaît là les fantasmes et les prétentions d'un homme dont les réflexes, essentiellement militaires, participent d'une action de commando mal réfrénée. Je suis persuadé que Patrick Le Lay et Étienne Mougeotte n'ont jamais demandé à ce fier confrère de créer au sein de leur chaîne une telle cellule, aux aspects visibles de service secret. Ils ont trop le sens, eux, de leur dignité. Mais je regrette tout de même la marche interrompue d'un pareil programme. Charles Villeneuve, qui prétend dénoncer toute machination, aurait pu, dans « Mediatic », faire toute la lumière sur le document falsifié que l'on sait. Nous aurions eu grand bonheur à suivre l'itinéraire sinusoïdal des petits télégraphistes du Chatenet et Palat. Dommage, et, décidément, il est bien vrai que « les vertus se perdent dans les intérêts comme les fleuves dans la mer », ainsi que le disait – je crois – Boileau.

*

D'Yves Berger, à propos de Cyril Collard et des autres victimes du fléau : « On est entrés dans le plus insupportable de la maladie : son cruel romantisme. Mais il est une évidence : on sait aujourd'hui comment ne pas avoir le sida, on ignore tout de l'arrivée du cancer. »

10 mars. Michel Field était, il n'y a pas si longtemps, par dilettantisme et goût du baroque, le bouffon de Christophe Dechavanne. C'est ce dernier aujourd'hui qui fait figure de pantin (non sans quelque succès quand même). L'élève a torpillé le maître, et la centième du « Cercle de minuit » en est, ce soir, la brillante démonstration. Ayant trouvé le titre de cette émission dont j'avais aussi dessiné le concept, je peux témoigner de son exemplarité, avec d'autant plus de liberté que Field n'est pas mon invention, c'est le choix de Laure Adler et le bon. Il est l'exact « homme qu'il faut à la place qu'il faut ». Passé un bref temps de rodage où parfois le propos gravitait si haut qu'on pouvait craindre de se perdre dans les nuages, Michel, à l'aise dans son « Cercle » où l'on cause enfin rond, répond comme à une attente mal formulée : son talk-show, d'une rare agréable tenue, brasse un « tout débonnaire et naturel-culturel » du plus séduisant des commerces. Quelques-uns peuvent enfin sortir d'un dîner ennuyeux à minuit en sachant qu'à peine rentrés chez eux, ils trouveront chez Field de quoi se consoler. Quelques autres retardent désormais l'heure d'éteindre dès l'instant qu'ils ont zappé – un Fabrice Lucchini s'y livre justement à un numéro de haute voltige verbale –, et beaucoup vont délibérément au « Cercle » comme à un rendez-vous d'initiés, comme on prend un dernier verre au bout d'une journée fiévreuse. On peut tout se permettre à minuit s'il y a du talent pour arranger la sauce. Un coin de bistrot peut devenir une sorte de paradis. Il ne sera pas difficile à Michel Field de soutenir le bel équilibre pour la simple et bonne raison que les plus grands y côtoient les plus anonymes, jeunes créateurs à leurs débuts, musiciens interdits ailleurs, comédiens des aubes nouvelles. Pari gagné sur fond de courtoisie impertinente, l'on est ici pour se plaire et non pour se complaire. Il est des célébrations qui laissent peu de souvenirs. Nous n'oublierons pas cette centième enluminée par un lieu magique, né de la folie d'un collectionneur génial, amoureux des manèges. Il me faudra revenir dans ce Musée des arts forains, du côté de Gentilly, on s'y retrouve en enfance.

*

Propos de dîner de Reda Guedira, conseiller du roi du Maroc, personnage historique et fin palais : « Le prophète a dit : " Cessez de manger alors que vous en avez encore envie. " »

11 mars. Marcel Schneider, spécialiste du fantastique en littérature, nous offre en ce début de mars le tome 4 de ses Mémoires intimes. J'y note ce conseil de Georges Dumézil : « Enfonce-toi dans la forêt de toi-même, tu y trouveras les dieux. » Qu'appelait-il « les dieux »? Sans doute une familiarité avec le monde surnaturel, la réalité sacrée, un contact avec ce qui nous dépasse, une sorte d'adhésion au secret de l'univers. Schneider, dans ce même livre, *le Goût de l'absolu*, pose entre autres la question suivante : « Les gens sont-ils plus heureux qu'en 1925? » Ils disposent, répond-il, du confort sanitaire et de la télévision, mais l'état de leur âme, face aux maux éternels! Sénèque disait déjà : « Pourquoi se déplacer puisque c'est soi-même qu'on emporte en voyage? » Et l'écrivain de conclure : « A quoi bon le progrès puisqu'il actualise nos misères? »

15 mars. Dans notre univers de lâchetés, le courage simple d'un homme seul : le général Morillon a décidé de rester à Srebrenica. Pourra-t-il sauver les musulmans? N'est-ce pas un acte sacrificiel? Comment savoir? Je suis persuadé en tout cas qu'une telle attitude relève de la dignité et de l'honneur dont semblent manquer nos chefs d'État. Les palabres ne sont plus de saison, il n'y a pas d'amour, il n'y a que des gestes d'amour et la générosité commande l'attaque. On comprend mieux maintenant pourquoi, dans les années de l'Occupation, rien ne fut fait. La passivité est toujours criminelle, et Morillon, d'un coup, nous persuade par-delà les ondes qu'il y a, là-bas, une audacieuse petite lumière.

16 mars. Algérie – terre de massacres. Hier encore, un assassinat, le trente-troisième depuis le début du mois : Djilalli Laybès, ancien ministre de l'Enseignement supérieur, a été abattu par un groupe armé islamiste. L'information est donnée par la presse, les radios, les télévisions, sans grands prolongements, d'une manière, hélas, presque anecdotique. Si de pareils événements se déroulaient au Maroc, Gilles Perrault et ses amis conduiraient déjà le catafalque entre Bastille et Nation. La malhonnêteté intellectuelle n'a pas de limites.

18 mars. Je n'y étais pas mais la salle était belle. Cent intellectuels, de sensibilité différente, au coude à coude, cœur à cœur, transportés d'émotion dans un autobus que le ministère de la Culture avait frété entre Valois et Grande Arche. Trois jours avant les élections législatives, dans une généreuse envolée, Jack Lang avait donc décidé d'accueillir à la française Salman Rushdie, promis par décret à l'assassinat, sur l'ordre abject d'un vieillard fanatique. On connaît l'histoire des *Versets sataniques*, la dérive des intolérances, la désespérance de l'écrivain; ce ne sont pas les droits du talent que le monde libre défend mais plutôt ceux d'un homme. Mais tout cela a été dit, écrit, discuté. Aujourd'hui, seule compte la cérémonie de la Défense, un peu tard venue et d'évidence trop médiatique. Ce n'est pas l'auteur que l'on reçoit, c'est le ministre qui s'affiche. Après les États-Unis, le Canada et quelques pays d'Europe, la France à son tour tend la main à l'exilé, dans une mise en scène qui tient plus du spectacle que de la ferveur. A tout ce cinéma frelaté, je préfère l'approche intelligente de Jean-Marie Cavada qui, dans « La Marche du siècle », a su nous présenter un remarquable Rushdie délivré des breloques dont une intelligentsia un peu lâche voudrait l'alourdir.

19 mars. L'incroyable manège, la dernière danse. Les cavaliers des aubes glorieuses et ceux de l'apocalypse annoncée se perdent dans de vertigineux tours de piste. Ils ne savent plus où ils sont, où ils vont, ce qu'ils disent. Les politiciens font des ronds dans l'eau. On les entend en litanie sur Inter, Europe, RTL, RMC, ils occupent tous les écrans, ils ont réponse à tout, ils ne formulent rien, ils se glissent entre les lignes et finalement, se laissent avaler dans les labyrinthes du chassé-croisé, de la chausse-trape, de la langue de bois. L'or massif, ce sera peut-être demain.

20 mars. Loin des marigots... le printemps du pack. Le Quinze de France profite de la défaite anglaise en Irlande pour terminer seul en tête d'un modeste tournoi des Cinq Nations. Nette victoire devant les Gallois : 26 à 10. Belles empoignades, petit jeu, pas la moindre émotion. Sur notre banc : Jean Réveillon, directeur des Sports de France-Télévision, Henri Leconte, Émile Biasini, Jacques Toubon. Pas un mot sur les mêlées du lendemain...

21 mars. Vingt ans, le bel âge, celui de Claude Bessy justement célébrée au Palais Garnier. Vingt années à la tête de l'École de danse de l'Opéra, la plus prestigieuse du monde, la plus ancienne, la plus authentiquement royale en notre République puisque créée par Louis XIV en 1713. Le miracle continue, l'étoile s'est inventé une constellation, a mis des centaines de pieds aux chaussons, a formé et révélé Patrick Dupond, Sylvie Guilhem, Éric Vu An, Laurent Hilaire, Karen Averty, Élisabeth Platel. On ne saurait rêver meilleure affiche. Bessy a fait le choix de cette grâce, de cette beauté qui échappe à la vulgarité du monde et qui est manifeste dans toutes les rondes des petits rats, exemplaires par leur élégance morale, leur distinction naturelle. J'aime cette école, j'estime cette femme qui, au-delà d'une carrière exceptionnelle, sait accorder au meilleur de la jeunesse l'essentiel de sa vie. Lui ayant consacré deux longues émissions – la première sur la scène de l'Opéra, l'autre à Nanterre dans sa Maison –, je peux juger de ses qualités, de ses performances, de sa lucidité. Dans son bureau, j'ai retrouvé, bien exposée, cette citation empruntée à de Gaulle : « Aucune illusion n'adoucit mon amère sérénité. » On y devine les signes de l'expérience faite de grands bonheurs, de quelques douleurs, d'une charge attendue de déceptions : « J'ai tout sacrifié à mon art, j'ai été danseuse avant que d'être femme, plutôt que d'être mère, j'ai eu plus de maîtres que d'amants, Balanchine, Robbins, Béjart, Lifar – je lui dois tout – sont mes Panthéons, j'ai tout aimé, j'ai tout souffert et mes révoltes sont encore quotidiennes. Je n'en peux plus des modes et de la politique. Jack Lang a dit : " Tout pour la création. " Faux. Tout pour le snobisme plutôt. Les vrais créateurs en danse, comme en musique et en peinture, ne sont pas écoutés. Le ministre expose les taggers qui souillent les murs de l'école et soutient des troupes qui n'ont aucun talent. La démagogie est élevée à hauteur d'institution... » Pour réussir honnêtement, il faut vivre en colère, bon anniversaire, Claude.

22 mars. Seulement des titres pour un premier tour de vis à droite : « La grande rafle », « Raz de marée », « La gauche étranglée », « Main basse », « A droite toute », « Comme la foudre », « Berezina », « Rejet franc et massif », « Lessivés ». Les eaux usées débordent des ruisseaux, les Français, dit-on, ont liquidé de sang-froid le socialisme de M. Mitterrand. Encore faudrait-il que celui-ci eût été socialiste! Les résultats tombent comme à Gravelotte, les vainqueurs sont déjà traumatisés par un succès écrasant, les petites phrases déchirent le ciel. Ainsi Michel Rocard : « La grande erreur de la gauche fut l'immodestie. » Est-ce pour cela que la droite, ce matin, s'épuise d'humilité? Serait-ce « le printemps du pack », comme l'annonce *l'Équipe*? Mais il s'agit ici de rugby. Autre mêlée.

Il y a vingt-cinq ans, des revendications estudiantines apparemment sans importance ébranlaient le

pouvoir, terrorisaient de Gaulle et transformaient
– sans qu'il y ait eu combat annoncé – la vieille
voie royale de la pensée française. Qu'on le veuille
ou non, 68 est une date clé, un espace rêvé dont la
capitale fut Nanterre. Dans leur contestation glo-
bale de la société, les jeunes de ce temps imagi-
naient des paradis nouveaux aux antipodes de
l'habituelle autorité, appelaient la fraternité, com-
mandaient le bonheur : ils voulaient tout, tout de
suite. Le printemps fit fleurir des armures, des
masques à gaz, l'adolescence se portait à la guerre
comme on se met en marche. La rue était violente.
Pour réagir contre la répression policière, il y eut
mouvement, en particulier celui du 22 Mars, à
l'origine des événements de Mai. Que reste-t-il de
cette « fête » ardente qui aurait pu devenir tragédie? Sans aucun doute ce cadeau rare d'un autre
code de valeurs au cœur du débat d'aujourd'hui :
l'humanitaire, la générosité, l'écologie, le régiona-
lisme, la transparence. Et aussi l'émergence d'une
suite de personnages hauts en couleur qui ont fait
de ces batailles un métier dont, à ce jour, ils vivent
très confortablement. Je me souviens de nos mara-
thons silencieux et un peu dérisoires autour de la
Maison de la Radio, de mes promenades sur les
barricades où je faisais pour *Paris-Jour* mes dix
feuillets quotidiens, de la naissance de « Radioscopie », encore un effet soixante-huitard, et mieux
encore, de ce quart de siècle maintenant dépassé car
à la vérité, l'évidence qui s'impose, c'est que nous
étions plus jeunes!

23 mars. Ils sont des milliers à rêver de pouvoirs nouveaux, d'honneurs grandioses à la mesure des derniers résultats. Quelques-uns pensent que le temps des récompenses est enfin venu et parmi ceux-là, les prétendants aux couronnes audiovisuelles ont de fortes impatiences. Comme toujours, quelle que soit la couleur du scrutin, en 93 comme en 81, les plus médiocres font des acrobaties pour monter au trapèze et dominer les situations. On me dit de tout côté que les dîners politiques sont devenus des officines mercantiles où l'on s'arrache les postes en déshérence. L'autre soir, paraît-il, un quadragénaire convenable, très actif dans la ligne droite de son parti mais sans talent dans la production qui serait son affaire, avait inscrit au tableau noir les « présidences à prendre ». Venait en tête France-Télévision puis Radio-France, RFI, RFO, TDF, la SFP, l'INA... « Donnez des noms pour chaque société », demandait ce d'Artagnan de pacotille... « Mais, faisait observer un jeune homme à cheval sur les principes, beaucoup de ceux qui sont actuellement en place ont des contrats garantis jusqu'à au moins la fin de l'année. »... « Qu'importe, tonitruait l'amphitryon, nous casserons le passé dans les trente premières journées. Il faut faire table rase. » On croit entendre les Saint-Just de 81. Y aura-t-il une grande voix pour crier sur toutes les antennes que l'audiovisuel est le dangereux privilège des professionnels ?

24 mars. Dernier Conseil des ministres du long gouvernement de la gauche. L'indiscrétion porte les pleurs de quelques-uns jusqu'à la Seine toute proche. Le long fleuve tranquille s'est tari. Mitterrand, le vieux lion blessé, a fièrement annoncé sa volonté de « résister », de « se battre », de rompre la solitude : « On n'est seul que devant la mort. » Les images, au-delà du perron de l'Élysée, sont remuantes. Les éperdus du socialisme évitent les caméras, repoussent les micros, s'en vont tristement. Pénible parade, difficile sortie. Comme un adieu qu'ils ne prononcent pas. Bérégovoy glisse sur l'ultime marche, manque de tomber, Tapie réclame « un peu de pudeur », Kouchner — le plus digne — passe dans ses ailleurs et ne voit déjà plus personne. Un monde s'écroule. Quelque chose commence.

*

Mozart enfin sauvé par des voix de son âge, par la beauté de la jeunesse. Le *Cosi fan tutte* de l'admirable Châtelet diffusé ce soir sur Arte est pure harmonie. Merci à John Eliot Gardiner, maître de musique, qui a réuni la distribution la plus juvénile, loin des lourdeurs des Castafiores habituelles. On peut entendre les yeux grand ouverts.

*

Rencontre avec Jules Roy dont les *Mémoires*, et même les Amours, s'ornent du mot « barbares » sur la couverture des ouvrages qu'il vient de publier — mais cela est pour la littérature : de barbarie aujourd'hui, sur son noble et fier visage de quatre-vingt-cinq printemps revenus de tout, on cherche en vain la trace. Un brin d'ironie, des propos sans ambages (l'âge vous donne de ces excuses!) et l'ancien officier colonel de l'armée de l'air a tôt fait de relativiser les exploits et engagements passés. Ses huit années de jeunesse au séminaire lazariste d'Alger? Une simple question de petit-déjeuner : « J'avais appris que les élèves avaient là-bas du café au lait tous les matins et le dimanche, du choco-lat. » Quoi des combats en Algérie, en Indochine? Ici, la mémoire ne fait qu'un tour : « En Indochine, j'ai eu beaucoup trop chaud. Et puis j'en ai rap-porté, non pas la vérole mais un truc approchant, une amibiase »... Ces rapports à l'essentiel nous font rire tous les deux. Il est temps, semble-t-il, de ménager sa monture, bien qu'elle me paraisse encore bien gaillarde. J'en souffle un mot à Roy qui n'attendait que ça : « L'âge n'est rien! C'est surtout le vieux, là, que je traîne avec moi, qui me gêne! J'ai beau essayer de le secouer, de le semer, il est toujours là. » L'âge n'empêche pourtant pas le plus illustre des citoyens de Vézelay de s'éloigner de sa chère basilique, non plus l'écrivain d'être attelé au dernier livre qui, justement, concerne celle qui lui dissimule le dernier vieux secret. « Quel secret? » dis-je à Roy. « Dieu! me répond-il. C'est le seul mystère qu'il m'intéresse aujourd'hui de regarder de près. » Je demande alors à Jules Roy pourquoi avoir conclu ses *Mémoires barbares* sur cette petite phrase : « Braque disait qu'en matière de foi, la preuve affaiblit la vérité. » Il demeure coi une seconde : « Je l'avais oubliée! merci de me la rappeler. Je vais rentrer à Vézelay en méditant là-dessus. »

25 mars. L'énigme Ardisson. Le cher Thierry sait révéler les autres, mais a du mal à s'assumer. Producteur de « Froufrou », il donne des ailes à Christine Bravo, animateur d'« Ardimat », il vole à ras de terre. Bizarre, bizarre! Pourtant, il y a dans ses programmes un ton, un charme, une lumière, rares, mais aussi une élégance maladroite tordue par un dilettantisme grossier. Que lui manque-t-il? Une bonne âme capable de le presser au point d'extirper l'essentiel. La solitude est son ennemie, le doute pourrait être son arme.

26 mars. Portée aux sommets du printemps, la droite est étrangement calme, sereine, discrète, comme étouffée par son succès. Il n'y aura pas cette fois-ci de grandes fêtes à la Bastille, au Champ-de-Mars ou aux Champs-Élysées. Rien à voir avec les « socialies » de 81 qui avaient enrubanné les balcons de roses et de rouges passementeries. Le triomphe est surnaturel, à certains égards provocateur, les bombes de mars ont creusé des cratères : la gauche est à terre, plus, ensevelie, déchiquetée. Dans l'air passent des lambeaux. De l'avis même de ses grands prêtres, il n'est plus question de la relever, d'imaginer un redressement, il importe d'urgence de la reconstruire mais sur d'autres modèles. Avec d'autres officiants, dans des messes inédites.

Les soldats perdus de François Mitterrand ne se retrouvent aujourd'hui que dans le rêve d'une révolution à venir, déjà dessinée par Laurent Fabius : « Si le peuple ne peut pas s'exprimer à l'Assemblée, il s'exprimera ailleurs. » La menace est réelle, on appelle la rue, on sonne le tocsin, demain les barricades! Je plaisante à peine. L'un de mes amis, ancien maoïste reconverti dans la bourgeoisie, accablé de confort mais sincèrement attristé parce que encore débordant d'anciennes nostalgies, me disait tout à l'heure son inquiétude : « La vague de droite est si forte, les vaincus sont dans une telle souffrance que les escarmouches demain seront violentes, je m'attends au pire. » Voilà une peur imbécile que certains voudraient répandre, mais c'est faire peu de cas de l'alternance et du verdict : le vote des citoyens, quel qu'il soit, est le genre le plus démocratique que l'on puisse imaginer (il faudra tout de même revoir le scrutin).

Le ton du pessimisme de circonstance est donné par Marguerite Duras, la pasionaria des intellos qui, dans *Globe Hebdo*, estime que « ces élections ne sont pas sérieuses », que « la droite n'est pas un parti mais un clan, un accident, l'enfer ». A-t-elle bien entendu, la chère Margot, la dernière déclaration d'Henri Emmanuelli, encore président de l'Assemblée nationale : « La gauche meurt d'un excès de parisianisme et d'un trop-plein de suffisance. » Elle devrait savoir, Mme Duras, que les clans étaient multiples dans cette dernière décennie, et puissants et futiles et dérisoires. Rue de Valois, on se serait cru parfois dans la ruelle, au lever du prince. Les courtisans, souvent des femmes de l'audiovisuel, les moins glorieuses, y venaient faire allégeance. C'est que le comte de Blois avait un charme que son successeur ne devrait pas négliger.

Étonnant moment de rupture que celui de ce printemps. Fracture totale. On désigne déjà les coupables : « La droite contrôle les médias », clame Laurent Fabius. Même son de cloche de l'autre côté : « Le pouvoir socialiste a placé à la radio et à la télévision des gens qui ont sa sensibilité politique. » Et nous voilà repartis. Les pauvres gueux de la politique nous refont le coup du journaliste bouc émissaire. On a l'habitude! Doit-on rappeler que notre dignité s'accorde au devoir d'insolence, à la seule mission d'informer. Honte aux brebis galeuses.

27 mars. Le Journal intime, ce genre littéraire où l'auteur laisse chavirer tous les sentiments! Gide et Matzneff y jettent quelques perversions, Green ses états d'âme, Juliet ses interrogations. Dans la dernière livraison : Ernst Jünger et Claude Mauriac. Du grand écrivain allemand, entré ce mois dans sa quatre-vingt-dix-neuvième année, cette touche légère : « Les arbres se taisent. On ne les entend que lorsqu'ils sont remués. Le vent joue sur la forêt comme sur une harpe, jusqu'à l'orage et au tonnerre. » De Claude Mauriac, ce triste constat : « Mes enfants et Marie-Claude elle-même [sa femme] ne peuvent plus rien pour m'arracher à ma solitude, sur l'îlot où désormais je regarde avec plus de détachement encore que de regrets les plages lointaines de la vie. » J'aime cette manière de se raconter avec cette simplicité, cette impudeur — est-ce de l'humilité? — que je n'ai pas.

28 mars. Métaphore du doyen Vedel à propos des positions nombrilistes du Front national et des Écologistes : « N'ayant pas été capables — en s'alliant à d'autres — de monter sur le char de l'État, ces gens-là ne participeront pas à l'excursion. »

*

D'André Frossard dans *le Figaro* : « Karl Marx, grand homme certes, avait tout prévu, excepté le marxisme. »

*

La plus urgente des nécessités : *la crédibilité*. Celle des politiques, celle du pouvoir médiatique. Immense chantier.

*

Les jeux sont faits, mais le cirque peut encore exhiber quelques voltigeurs d'excellente facture. J'aime bien le rythme de ces soirées électorales ponctuées par le coup de force du 20-heures : la carte du tendre et du tragique s'inscrit à la seconde précise avec une brutalité dont les sondeurs eux-mêmes n'ont pas idée. Maintenant, définitivement, on sait. A quatre-vingts pour cent, la prochaine Assemblée sera de droite. Dans la belle enceinte du studio 40, remodelée par Michel Millecamps, les invités de France 2 sont à leurs postes de combat. Exigence de nos équipes, modestie des vainqueurs, résignation des perdants. Je ne ressens ni la joie, ni la tristesse de 1981, comme si l'on bridait la fête pour ne pas accabler davantage les exilés du moment. Sans doute y a-t-il, du côté de la majorité nouvelle, exagérément discrète, calme, ordre et volupté. Autant de sentiments de très profonde intériorité. Bien calés devant les caméras, Jacques Toubon et François Bayrou attendent d'allumer les feux, Élisabeth Guigou et Ségolène Royal se partagent les dernières braises, avec une élégance rare. On attend Michel Rocard qui aura subi tous les coups du plus inattendu, du plus cruel échec. Admirable attitude d'un homme de premier plan qui ne craint pas de s'exposer dangereusement. Les images défilent. Pierre Bérégovoy fait des essais de micro, s'en amuse, plaisante, sourit. On devine vite qu'il a passé le gué. Jack Lang annonce une victoire qu'il n'espérait plus, Michel Noir sort enfin des griffes de Mérieux et puis Paul Amar – le plus remarquable de la soirée – avance son joker : l'abbé Pierre. Et ce sont des mots moins convenus qui d'un coup nous portent à l'essentiel. « Je suis fier, clame le saint moine... On peut passer d'un camp à l'autre sans violence... Je serais encore plus fier si l'on pouvait faire l'unanimité sur l'inventaire des souffrances de ces neuf pour cent de mal-logés et de ces trois millions de chômeurs... C'est complètement dingue. » On se sent mal à l'aise, les politiques piquent du nez dans leurs comptes, les paroles tonnent dans le silence. Encore quelques semonces et l'abbé, fatigué, retrouve la sérénité de sa cellule. Le bruit peut reprendre...

29 mars. Mitterrand évidemment, Balladur forcément... L'étonnant est qu'ils occupent l'écran toute une longue journée en n'y apparaissant que trois petites minutes. L'un pour désigner le Premier ministre, l'autre pour en accepter la responsabilité. L'Histoire n'a jamais été si bien servie. Pas la moindre fausse note, le psychodrame n'est plus de saison, chacun sait son destin, tous se soumettent à la loi. On me dira qu'ils n'avaient pas le choix, mais il est des mots qui ne trompent pas. « Je confie cette charge à monsieur Édouard Balladur, non seulement parce qu'il apparaît comme le plus apte à rassembler les différentes composantes de la majorité, mais aussi en raison de ses compétences »... Le compliment a un sens, François Mitterrand n'est plus le champion d'un camp, il redevient le président de tous les Français. Certains rêvaient d'une sortie du chef de l'État. C'est une rentrée. A suivre.

Appelé à l'Élysée à 20 h 30, Édouard Balladur y reste plus longtemps que prévu. Le journal de France 2 tient l'antenne jusqu'à 21 h 36. Paul Amar s'offre un comparse qui fait de l'excellente figuration : Valéry Giscard d'Estaing. Pour calmer le temps, ils égrènent quelques souvenirs, l'attente est interminable mais ils ne sont pas les seuls à vouloir profiter du premier message : sept millions de téléspectateurs sont toujours à l'écoute. Balladur sort enfin, il est bref, c'est une indication pour l'avenir.

31 mars. Dans son nouveau journal *Globe Hebdo* – le seul qui puisse profiter du choc des élections en s'installant résolument dans l'opposition –, Georges-Marc Benamou publie aujourd'hui, presque mot pour mot, le message secret de François Mitterrand à *ses* ministres. Mon confrère, remarquablement informé par les amis de Pierre Bergé, est si proche du Président qu'on ne saurait douter de l'exactitude des propos. Disons vite que le discours fut à la hauteur de la déchirure, à la fois émouvant, précis, constructeur; comme s'il fallait préparer la guerre pour vouloir la paix. « Privé de vous, révèle Mitterrand, je me sentirai, bien sûr, seul. Faut-il rester? Faut-il partir? Je me suis posé la question. » Une chose est sûre, il s'est répondu : « Après avoir réfléchi, j'ai décidé de rester, du moins tant que ma santé me le permettra... Il y a là le poids de l'ensemble des forces hostiles... Si j'étais un général sur un champ de bataille, à qui devrais-je rendre mon épée : à M. Chirac? à M. Valéry Giscard d'Estaing? A M. Bouygues? A Patrick Poivre d'Arvor? » Prononcés avec l'ironie que l'on devine, ces deux derniers noms s'inscrivent curieusement dans la phrase. Doit-on croire que le chef de l'État manifeste à leur endroit une critique acerbe et fait ainsi procès à TF 1? L'interrogation est là et avec elle, peut-être, un commencement d'explication sur les ennuis du journaliste-vedette de la chaîne. Mais qui peut en jurer? François Mitterrand poursuit : « Je me reproche de ne pas avoir pris tous les risques pour proposer la proportionnelle, même contre les nôtres... La liberté de la presse et la liberté de la justice n'ont jamais été aussi grandes, mais elles ont été totales. Elles se sont retournées contre nous. Punissons-nous. » La sagesse, la sérénité, la lucidité accompagnent l'adieu au gouvernement en miettes : « Maintenant, à vous de jouer! Je n'en ai plus pour longtemps... Toutes les formes de l'amour sont fortes, mais les forces de la vie sont encore plus fortes. Je pourrais relire cette phrase de Paul Fort : " Le plus court chemin d'un point à un autre, c'est le bonheur d'une journée "... Faut-il craindre l'isolement? On n'est jamais vraiment seul, sauf devant la mort. » Belles phrases d'un homme entré dans le calme, ce moment apaisé de la vieillesse, superbe méditation sur l'échec, le fini des combats, magnifique analyse qui aurait dû se défaire d'une dernière déclaration peu conforme à l'élégance et qui me surprend : « Je pense au prochain Conseil... et je regrette que vous ne puissiez le voir »...

2 avril. Depuis un an, nous cherchons une solution, je l'aide à ma manière, je n'ai jamais supporté la mort d'un journal, fût-il de très faible tirage. Philippe Tesson m'assomme ce matin d'un supplément d'inquiétude : « Nous avons tout tenté, financièrement, je ne peux plus tenir, j'enrage de me taire, mes banquiers m'abandonnent, dans un mois j'arrête. » Le pessimisme n'est pas nouveau mais cette fois-ci, nous sommes convenus de croire que ça ne saurait durer. Et j'en veux à quelques grands argentiers de la place qui ont profité du *Quotidien de Paris* du temps de la gauche pour passer leurs messages de droite. L'ingratitude des riches est phénoménale. Pourtant, je ne désespère pas tout à fait, l'inattendu viendra. J'aime le brûlot de Philippe, cette feuille pamphlétaire désordonnée, différente, parfaitement déséquilibrée, mal tenue, mal vendue, mais intelligente, libertaire, insolente. Et Tesson m'amuse, m'étonne, me révolte. Il se veut maudit et cela lui plaît, il se sait en danger et il en joue, l'œil bleu en embuscade, il se dit marginal et c'est une coquetterie, il ne se croit pas fragile et il l'est. Je lui dis souvent : « Tu serais malheureux si ton journal marchait. » Il a la séduction des timides, un raffinement grand siècle qui en fait aujourd'hui une personne déplacée, à la préciosité cruelle et l'écriture assassine. Propriétaire de son entreprise, il n'accepte pas facilement de partager ses angoisses. Plutôt l'exécution que le compromis. Il doute de ses certitudes, il s'invente des adversaires, estimant à juste titre qu'il n'est pas d'autre vie que le combat. Il perd trente millions par an mais Zola et Malraux lui sourient. Cet homme, à n'en pas douter, ne peut pas mourir. J'allais oublier de dire qu'à la télévision, il n'est pas de meilleur éditorialiste de passage.

8 avril. Il est de bon ton de trouver sublimes des œuvres auxquelles on ne comprend rien. La nomenklatura culturelle, qui n'en est pas à un snobisme près, a dû se régaler de l'intervention récente du dieu Boulez au récital de ses propres compositions diffusées sur Arte. Ce chef-d'œuvre d'ennui que je me suis efforcé d'écouter jusqu'au bout est constamment porté aux nues par des gens qui bâillent à l'entendre et ne s'en soucient guère. Le chic parisien des nouveaux « merveilleux » de la musique consiste à encenser ce que l'on déteste le plus mais qui sort de la norme : il ne serait pas convenable de passer à côté de la mode. Question d'honneur mondain. A ce propos, j'ai noté dans *la Comédie de la culture* une réflexion éminemment significative de Michel Guy, qui fut ministre : « Je n'écoute de la musique que pour mon plaisir. Je n'écoute donc jamais Boulez. » Étrange comportement si l'on songe que notre cher botaniste du beau avait lui-même hissé ce compositeur au rang des musiciens d'État, en le faisant pape d'un style contemporain qui échappe aux meilleures oreilles. Mœurs burlesques d'un milieu de compromissions qui se tue à vouloir survivre. Jack Lang, qui coule de la même source, donne au moins l'impression d'aimer. Que fera Jacques Toubon? Il serait si simple de proclamer que Boulez est un immense chef d'orchestre. Pourquoi le vouloir compositeur? Mais là aussi, le doute s'installe. Et s'il était, au XXIe siècle, la référence de la modernité?

10 avril. Le clergé et les politiques ne savent plus parler à la France profonde. Seul, Balladur ose rester lui-même, au creux de son mystère.

11 avril. Images belles, comme jaunies par l'attente, l'incertitude d'une arrivée au coude à coude sur le vélodrome de Roubaix après deux cent soixante kilomètres de course. Je suis à Marrakech, je vois l'épreuve sur Eurosport, réalisation remarquable, commentaires sans intérêt. On n'a jamais su où nous en étions, j'ignore encore ce qui se passe. Franco Ballerini lève les bras au ciel, parade sur son vélo, suivi par une meute de supporters. Gilbert Duclos-Lassalle tourne encore sur l'anneau, seul, discret, indifférent aux clameurs. Enfin une voix qui appelle le silence : « Duclos-Lassalle vainqueur. » L'évidence. Nous avions bien vu ce quart de roue qui dépassait la ligne. Gilbert bondit, simple et merveilleux bonheur d'un homme, immense champion, l'exemple parfait de l'honnêteté sportive. Deuxième victoire consécutive sur ce Paris-Roubaix, chef-d'œuvre de difficulté, sommet du cyclisme. Il n'est pas de plus belle victoire.

13 avril. Dans sa lettre à André Gide d'août 1915, Jean Schlumberger proclame avec force : « La

NRF est mon rocher. » Superbe déclaration d'amour pour cette revue de littérature et de critique qui, selon Pascal Mercier, est « un repère, une sorte de sémaphore ». J'apprécie que l'on se donne, que l'on s'invente des points d'ancrage. Je crois pouvoir dire, sur cette même ligne mélodique, que la télévision est mon île.

15 avril. Je visionne sur écran ce que j'ai vécu l'autre soir au Châtelet : la « Nuit des Molière » – de grâce, ne mettons plus un *s* à un tel nom ! Quatre moments d'intense émotion dans cette longue soirée théâtrale : l'entrée d'une déesse pas même vieillissante – géniale selon Claudel –, grande demoiselle comme on disait autrefois, Edwige Feuillère, la parole retenue, vibrante – oui, nous avons tous entendu – d'une belle comédienne sourde-muette, Emmanuelle Laborit, la drôlerie étourdissante de Michel Serrault, la passion exacerbée, pénétrante, de Laurent Terzieff. Le reste, évidemment, ne pouvait pas voler à pareille altitude.

16 avril. Je constate sur le terrain la réalité de la campagne de promotion imaginée par Maurice Lévy : « Le Maroc offre une formidable occasion de retrouver les sensations intérieures en stimulant les cinq sens : le goût, l'odorat, l'ouïe, la vue et le toucher. » Je vois sur mon récepteur une petite fille qui souffle des pétales de roses aux quatre coins du royaume. Certains, chez nous, en sont encore à croire que l'Algérie est l'avenir du Maghreb, ceux-là mêmes qui passent leurs vacances au Maroc. Toujours cette funeste incohérence!

18 avril. Au bout de l'échange Anne Sinclair-Édouard Balladur, sur TF 1, c'est la langue française qui crie victoire. Nous voici réconciliés avec le discours politique, enfin délivré de ses encorbellements les plus pesants. Qualité du verbe, limpidité de la phrase, choix des mots, raffinement de l'expression, assez inhabituels chez un Premier ministre que la démagogie expose souvent au triste parler de la rue. Oser un tel dialogue, c'est honorer ceux auxquels on s'adresse. Le contraire du mépris.

*

Dans les coursives de la télévision, l'amabilité est devenue faiblesse... mais la courtoisie est encore un luxe.

*

De Françoise Giroud, dans un ancien *Ce que je crois* : « Implacablement, invariablement, les huîtres produisent des huîtres, les éléphants des éléphants, les abeilles des abeilles... Et les humains produisent des humains qui ont toujours deux yeux. » Invariante observation que l'on pourrait prolonger par son contraire : il n'y a que les gens de télé qui ne produisent pas à l'identique : Desgraupes (l'homme de terrain) n'a pas enfanté Desgraupes, ni Pivot... Pivot, ni Sinclair... Sinclair, ni Elkabbach... Elkabbach, ni Cavada... Cavada. Il y a crise d'embryons, la descendance n'est plus celle que l'on pouvait espérer. C'est que le talent ne se donne pas en héritage.

19 avril. Il y a trente ans, Bernard Chevry créait à Lyon le premier marché de la télévision qui est maintenant devenu la grande affaire médiatique de l'année. Trois cent vingt-sept congressistes hier, neuf mille aujourd'hui, cent trois pays représentés. Succès prodigieux, rayonnement planétaire, chiffres de ventes, d'achats, impressionnants. Mais triste soirée du souvenir au Palm Beach de Cannes : on a failli oublier de citer le nom des fondateurs. Maladresse, jalousie ou faute de goût?

*

Le « Cercle de Minuit » de Michel Field en déshérence à Cannes, à l'occasion du MIP. A l'affiche, le plus vieux et toujours neuf sujet de conversation : « Culture et télévision ». Le marronnier type au pays des palmiers. Premier signe du désordre à venir : trop d'intervenants. Deuxième alerte : l'erreur de protocole. Des journalistes qui se veulent critiques occupent le premier rang, au plus près des caméras. Les acteurs invités à parler de leur expérience audiovisuelle sont logés tout au fond, tels des seconds couteaux. La preuve est déjà faite avant que de commencer : le commentaire l'emporte sur le récit, l'analyse prime le témoignage. Heureusement, Claude Rich, Catherine Rich, Guy Marchand, Pierre Santini, François Dunoyer ont assez d'humour pour s'en amuser. De laborieuses hypothèses d'école font tache dans la lumière des projecteurs, un spécialiste de la communication s'exerce avec génie à l'incommunicabilité et Field prend le parti d'abuser de cet étonnant happening en condamnant silencieusement, d'un sourire, ceux qui s'expriment si fort en toute ignorance. Nous devrions, nous gens de vitrine, ironiser plus souvent sur les dresseurs d'en face. Leurs fouets? Du balai!

*

Comment peut-on regarder de telles images qui viennent de tout à côté, de Srebrenica? Rien ne nous est caché. Nos équipes risquent leur vie pour que nous sachions tout. Et nous ne faisons rien. Nous acceptons l'inacceptable, nous abusons des lieux communs dans tous nos commentaires, nos protestations sont sans effet, nos mots — ceux-ci comme d'autres – ridicules. L'impuissance des grands ne fut jamais plus funeste et scandaleuse. On peut donc tuer, violer, mutiler en toute impunité. La lâcheté serait-elle raison d'État? Maintenant, il faut intervenir en armes. Que les pacifistes se taisent, ils sont déjà morts.

20 avril. Je la rencontre chaque matin et souvent le soir. Nous voisinons aimablement aux contours d'un immeuble qui abrite quelques pensionnaires d'importance. Nos échanges sont brefs. Je lui rappelle le code d'entrée qu'elle oublie volontiers, je la retrouve dans son bistrot qui est parfois le mien, nous parlons de ses livres et de cette « Radioscopie » qui nous fit complices il y a quelques années. Je vois chaque fois, dans le hall, dans la rue, devant le musée Galliera, une grande ombre lumineuse qu'on ne saurait déranger et qui glisse d'un pas léger sur quatre-vingt-treize ans de vie. Nathalie Sarraute irradie de sérénité, de malice et d'indifférence à tout. Elle cultive le « silence » jusqu'à le porter sur la scène du Vieux-Colombier, où les feux de la rampe la feront demain moins discrète. Je regarde avec tendresse cette silhouette que personne ne remarque et j'aime à croire que cette femme mystérieuse compte déjà parmi les plus grands écrivains de ce siècle. Lisez vite *Tropismes, l'Ère du soupçon, Portrait d'un inconnu.* Et puis surprenez-la, le dimanche à 20 heures. Ce jour-là, Claude, sa fille, et Jean-François Revel l'emmènent au restaurant. Je l'y sais heureuse comme une gamine. Hier, une équipe de télévision encombrait notre maison : « C'est pour vous? » m'a-t-elle demandé. C'était pour elle, qui ne se souvenait plus.

*

Luciano Pavarotti au Champ-de-Mars le 2 septembre. *Aïda* au Palais des Sports le 4 mai. Des milliers de spectateurs — tant mieux pour l'art lyrique — mais aussi un désordre qui ne convient pas à de pareilles voix, à de pareilles œuvres. Le son sera déformé, caricaturé. Encore une défaite de la musique. Seul, le petit écran, qui du moins cerne les visages et les intentions, pourrait sauver la situation. Mais que faire contre le folklore?

22 avril. Cette nuit, au Cirque Royal à Bruxelles, à l'issue de son magnifique ballet consacré à Charlot — *Mister C* —, Maurice Béjart me rappelle une réflexion de son père, Gaston Berger : « Il fut un temps où il fallait apprendre aux jeunes la prudence... Aujourd'hui, c'est l'audace qu'il faudrait leur enseigner. » Ce sera l'un des thèmes de notre prochaine rencontre sur France 2.

26 avril. Matisse à Tanger ou le voyage recomposé... Quatre-vingts ans après, le film du Marocain Moumen Smihi — sur France 3 — évoque avec raffinement, intelligence, la période 1912, au cours de laquelle le peintre esquisse son premier itinéraire au Maroc, sur les traces de Delacroix. Magnifique vagabondage au cœur de l'orientalisme que certains artistes préfèrent nommer « l'orientalité », éclats retrouvés d'une lumière douce qui constamment baigne la ville, comme une aurore. On me dira que 23 h 20, le soir, c'est tard, qu'une pareille initiation au chef de file des Fauves valait une meilleure écoute, quelques-uns s'en prendront une fois encore au service public si peu sensible à sa mission, on aura sans doute raison de nous faire procès, mais! Oui, mais... la majorité des téléspectateurs n'est pas innocente qui n'aurait quand même pas regardé à la minute exacte du « prime time » et ne s'est pas donné la chance d'un tel rendez-vous, alors qu'un match de football, au même moment, rassemble des millions de travailleurs. Que les accusateurs de tout poil, certains — trop rares, hélas — animés de bonnes raisons, les autres faux derches, arrêtent de décréter les bonnes et les mauvaises heures de diffusion. Un programme, ça se mérite. Et celui-ci était d'évidente qualité. De ce séjour à Tanger, entre pluies de l'hiver et bouillonnements du printemps, Matisse a rapporté vingt toiles que l'on peut voir actuellement à Beaubourg. Trois cent mille spectateurs ayant tout de même suivi l'émission, on peut penser que la plupart d'entre eux iront maintenant en villégiature au musée... pour s'aiguiser l'œil. Quel critique pourrait enthousiasmer tant de gens!

28 avril. Pas de journaux en kiosque ce matin (en dehors du *Quotidien de Paris*), donc pas de philippiques signées Michel Péricard, ça nous manque. Nous nous sommes désormais habitués aux perfides attaques du président de la nouvelle Commission des Affaires culturelles, familiales et sociales de l'Assemblée nationale, qui n'en finit pas d'aiguiser, jour après jour, sa déception. Écarté du ministère de la Communication, il se veut gourou du même espace, père Joseph. C'est Balsamo sans le flacon d'ivresse. Et France-Télévision prend tous les coups de sa désespérante condition. Nous ne serions pas dignes du service public! Faudra-t-il dresser une fois encore la longue liste des émissions de découverte que France 2 et France 3 sont seules à diffuser, faut-il exiger du politique qu'il sache regarder? Je connais bien Michel qui fut avec Louis Bériot l'homme de « la France défigurée », je ne le voyais pas sous ce jour, en pleine restauration...

29 avril. Bernard-Henri Lévy, rencontré au Récamier, ne souhaite pas prendre la présidence du comité chargé d'engager une réflexion sur la mission de la télévision publique. Dommage. « Je ne serai que l'un des membres... Un nouveau livre est en route dans ma tête, et aussi une deuxième pièce de théâtre. Or, une responsabilité comme celle-là, pour un homme qui s'engage à fond, demande quatre mois de rejet total de tout le reste. » Je le regrette d'autant plus que BHL est de ceux qui ne risquent jamais de tomber dans les pièges du sectarisme. Son intelligence, son approche exigeante des problèmes de ce temps lui auraient permis de composer un aréopage de stricte nécessité. Je crains le pire, sachant que tout ignare prend le pouvoir en pareille circonstance, j'espère le meilleur d'Alain Carignon qui devra se protéger désormais de toute une base politique médiocre, ardente au massacre. Je le crie à tue-tête : gommer France-Télévision, c'est tuer le service public. Hélas, nous sommes environnés de sourds.

30 avril. Invité au Grand Jury O'FM-La Croix, Jean-Louis Debré, secrétaire général adjoint du RPR, rejette d'un ton sec les déclarations de Michel Péricard, ennemi déclaré d'Hervé Bourges, adversaire de France-Télévision, opposé depuis toujours à la présidence commune. Le député de l'Eure déclare que Péricard exprime un point de vue qui n'est pas le sien : « Moi, je ne suis pas pour la chasse aux sorcières. Je suis pour que nous fassions la politique autrement. La politique autrement, c'est justement être tolérant et respectueux d'un certain nombre de choses. » Couper des têtes est affaire de vrais révolutionnaires.

1er mai. 19 h 05. Coup de fil d'Hervé Bourges : « Pierre Bérégovoy s'est suicidé. » L'inattendu, l'invraisemblable, le choc. Nous nous rejoignons à la Présidence, avenue d'Iéna. De Nevers, de l'Élysée, de Matignon, la mort est officiellement annoncée, puis, à 20 h 10, démentie : « Il est dans un coma profond, on va le transporter au Val-de-Grâce. » On se prend à espérer, on scrute le ciel de Paris, nos équipes à pied d'œuvre. Contrarié par l'orage, l'hélicoptère se pose, loin, à Issy-les-Moulineaux. Enfin, l'image triste de trois motards ouvrant la route d'une ambulance rouge. D'une voiture noire, où l'on distingue la femme de l'ex-Premier ministre, fugitive présence. François Mitterrand, Édouard Balladur, Charles Pasqua attendent le blessé. Une balle dans la tête! Peut-on croire au miracle? Un bref communiqué, bien avant minuit : « Pierre Bérégovoy s'est éteint pendant le transfert. » Que dire de plus... sinon le dire différemment. Infini chagrin. Nous avons quotidiennement nos lots de meurtrissures, des avalanches de nouvelles mauvaises mais, ce soir, la peine est particulière. Parce que l'homme n'est pas ordinaire, parce que le drame s'accompagne d'une multitude de symboles. Tout vient de ce 1er mai, jour pour lui d'importance, de cette suite d'échecs entretenus, de cette promenade d'habitude reposante, un brin romantique, de ce canal où ne vont jamais les vagues. Il n'est rien de plus périlleux, de plus stupide, que de vouloir expliquer un suicide, ce mystère des mystères, comme disait Camus. Constatons simplement que, seul, à ce millième de seconde d'une intensité douloureuse, il a décidé de sa route d'éternité, et personne, jamais, ne saura la réalité profonde de son geste. Il l'a voulu, le courage ne lui a pas manqué. Il a tranché, on ne saurait juger de sa décision, et que les accusateurs de tout bord se taisent. A dix-sept ans, condamné à ne plus voir — au bout du monde, dans mon Sud-Est asiatique —, j'avais imaginé, préparé, rêvé un grand départ identique. Oserai-je prétendre aujourd'hui que j'étais, dans mes nuits d'attente, assez heureux? Quitte à en étonner beaucoup, je me risque à répondre... oui. Ma chance est d'avoir été dissuadé par tout un entourage qui veillait. J'étais à l'hôpital — on pouvait se douter —, Pierre Bérégovoy était en liberté — on n'aurait pu croire... Je n'aurai pas l'impudence d'aligner les raisons possibles de sa tragique dernière détente. Ce fut à coup sûr une impérieuse question d'honneur, non pas un acte barbare mais un reproche immense adressé à un univers pesant que nous ne connaissions pas et dont il souhaitait se défaire. Un cri à sa manière d'honnête homme. J'ai du respect pour cette protestation, ce face-à-face suprême : soi contre soi. Amère et dérisoire victoire.

J'appréciais cet homme. Ses amis Rachel et Jeff Marciano m'avaient donné le bonheur de le rencontrer à différentes reprises, au Maroc d'abord, à Paris ensuite. Il connaissait mes Pyrénées. Nous parlions longuement de Cauterets, d'Argelès-Gazost, les routes au-delà du lac de Gaube nous étaient communes, il savait l'heure de passage des isards au-dessus du Cambasque, mais mon meilleur souvenir date du 1er avril 1992. Un dîner d'amitié, avenue Henri-Martin. Une dizaine de personnes. Pas le moindre protocole. Lui, simple, courtois, près de sa femme, sa fille, son gendre. Sa première phrase, à l'entrée du salon, avait été pour moi : « Quelles sont les nouvelles? » J'avais répondu très vite : « C'est vous ». Sa femme avait souri, pas lui. « Ne parlons pas de cela, rien n'est fait. Si c'était moi, je ne serais pas là. » Nous nous étions alors prudemment égarés sur d'autres sentiers, dans les paysages de la vallée d'Asni – au-dessus de Marrakech – qui ressemblent aux chemins du Pont-d'Espagne, au pied du Vignemale. Tout au long de ces quatre heures de bavardage, pas la moindre indiscrétion, pas le moindre signe susceptible d'apporter une indication. Une seule petite phrase après minuit, au moment du départ : « La journée sera rude. » Au petit matin, toutes les radios annonçaient : « Pierre Bérégovoy, Premier ministre. » Je ne l'ai plus revu.

*

Polémique vulgaire autour du suicide de Pierre
Bérégovoy. Les médias, la presse, la magistrature
seraient responsables de cette tragédie. Les voix
officielles qui s'élèvent et entonnent les reproches
ne sont pas innocentes.

2 mai. Soirée d'amitié pour les soixante ans
d'Hervé Bourges chez Quach, avenue Raymond-
Poincaré. Réunion surprise décidée – à son insu –
par des intimes du président de France-Télévision.
Hommage appuyé de ce dernier à Georges Vander-
schmitt, directeur général de France 2. Absence
particulièrement visible de Dominique Alduy, qui
n'a pas été conviée.

3 mai. Nouvelle liste des possibles gardiens de
l'audiovisuel dans le cas improbable d'un changement immédiat : Philippe Labro, Xavier Gouyou-
Beauchamps, Janine Langlois-Glandier, René Han,
Jean-Marie Cavada, Jean-Pierre Elkabbach, Philippe Guilhaume, Dominique Ambiel, José Frè-
ches. Rien de bien nouveau sous les projecteurs.
Ces noms autorisent toutefois des dîners en ville et

des réflexions contradictoires. La récompense n'est pas forcément un bienfait.

*

4 mai. Obsèques solennelles de Pierre Bérégovoy à Nevers. Toute la classe politique en rangs serrés sans division aucune, pour une heure d'incroyable partage. Et François Mitterrand.

*

Son habituelle maîtrise qui ne peut plus échapper aux tourments est cette fois-ci défaite. L'homme révolté accable le Président. On le devine, à la cathédrale, dans son extraordinaire immobilité, impatient de monter à la tribune. François Mitterrand est de glace chauffée au rouge.

Enfin cette place, ces drapeaux, cette foule, cette autre douleur. Et ce visage encore blême mais agité du chef de l'État, ses mots cisaillés, assauts de fleuret sur fond de blessure : « La grandeur de celui qui choisit son destin, le désespoir de celui qui souffre d'injustice à n'en pouvoir se plaindre, à n'en pouvoir crier... » Le style de l'écrivain, la grâce du « n'en pouvoir », la revendication littéraire comme un baume : « Le bord d'un canal où il était souvent venu goûter la paix et la beauté des choses. » La colère du politique aussi : « Toutes les explications du monde ne justifieront pas qu'on ait pu livrer aux chiens l'honneur d'un homme et finalement sa vie. » Et d'un coup brutal, nous voici ailleurs, au-delà de l'émotion, de l'unanime peine, au cœur du combat à venir. Accusation infamante de l'ami retrouvé. Interrogation pressante : Bérégovoy a-t-il été soutenu par les siens immédiatement après l'échec? Qui saura jamais? Empruntant à Jacques Monod, le Président répond à sa manière : « Je cherche à comprendre. » Devrait-on renoncer à y parvenir un jour?

5 mai. Ce n'est plus *37°2 le matin*, c'est 40 à l'ombre. Pleins feux sur Philippe Djian, écrivain à succès qui aurait, paraît-il, un public d'analphabètes! Enfin une vraie querelle littéraire sans importance qui n'arrive pas à troubler l'œil de la télévision mais fait des ravages dans les colonnes de quelques hebdomadaires. Preuve évidente que la presse et l'audiovisuel ne se retrouvent pas dans les mêmes combats, la critique restant – ce qui me paraît essentiel – affaire de plume. De quoi s'agit-il? D'abord d'un transfert. Djian quitte Barrault pour Gallimard et change de jaquette. On l'accuse donc de cousiner dangereusement avec Gide, Claudel, Mauriac. Faut-il dès lors interdire à un immigré la fréquentation des beaux quartiers? Une sorte de beur chez les bourgeois, ça fait désordre? Neuf romans à fort tirage, des adaptations cinématographiques, des commandos de groupies et des tireurs d'élite ont inventé un personnage plutôt sensible à l'anonymat et qui, subitement, se déchaîne en dévidant toute une pelote de réflexions iconoclastes : « Il est plus difficile d'écrire trois lignes que de tirer un coup »... « Je n'ai aucune ambition littéraire »... « Je n'ai rien à faire d'une œuvre. » De quoi scandaliser les Sollers, Robbe-Grillet et autres Bruckner du coin. Il va me falloir lire *Sotos*. La petite rougeole vient de là!

6 mai. Albert Cohen, Jorge Luis Borges et Jorge Amado furent longtemps mes amis d'ailleurs. J'étais de toutes leurs maisons, en Suisse, en Argentine et au Brésil. Rien ne les rapprochait, ni leur style ni leurs idées, ni leurs manières de vivre, mais une même obsession les tenaillait, une même impossibilité les faisait fraternels : ils se savaient interdits de Nobel. A chacun d'entre eux, j'avais consacré toute une semaine de « Radioscopie » et quelques beaux moments de télévision. Et c'était leur même chanson – « Je n'aurai jamais ce prix pour lequel Mitterrand et Lustiger m'ont proposé. Les Suédois sont des gens froids, qui ne savent rien de l'amour » (Cohen), « Moi, je suis aveugle, mais les Scandinaves, eux, n'ont pas de regard. Ah, si j'avais été inconnu, marginal et illisible! » (Borges), « Vous ne pensez tout de même pas que ces messieurs récompensent la littérature, les Nobel ne sont que courtisans » (Amado). Il n'empêche, le prix est immense, et Borges, qui a maintenant retrouvé sa grande bibliothèque du ciel, ne se serait pas contenté de « La Pléiade » dans laquelle son œuvre fait aujourd'hui une juste rentrée. Nous en avions parlé tous les deux, cela ne lui eût pas suffi, mais il n'aurait pas recommandé non plus Cohen et Amado. Pour lui, deux hommes seulement méritaient tous les honneurs : Joyce et Roger Caillois. Les Nobel se seraient grandis en désignant Borges, ne serait-ce que pour l'une de ses *Fictions*. Sa cécité l'aura toutefois sauvé de la contemplation de tant de visages nordiques si peu éclairants. Et je me souviens de ce qu'il disait, à l'approche de sa nuit : « Ce lent crépuscule, qui a duré plus de cinquante ans, a commencé quand j'ai commencé à voir. » Lumineuse lucidité.

9 mai. Les Attali sont jumeaux, ils ont évidemment un air de famille et pourtant, ne se ressemblent pas. Ce qui les soude? La même ironie, la même distance, le même souci de rigueur et plus encore, la jalousie que partout ils suscitent. Bernard, mon voisin parisien de clocher, vole par nécessité professionnelle d'un bout du monde à l'autre, Jacques vole les essentielles miettes de toute conversation d'altitude. Je pourrais ici analyser la technique golfique du premier, mon complice du dimanche matin, l'urgence me porte plutôt à lire le second, que je reçois à France-Inter, au titre de « Guetteur du siècle » : *Verbatim*, son récent ouvrage, est la bonne occasion de cette nouvelle rencontre. Quel pavé! Neuf cent cinquante-huit pages. Pas le moindre temps mort. Un enchaînement de dates – de 1981 à 1986 –, des milliers de notes, de correspondances, de mots chuchotés, d'anecdotes précises. Un document unique, les confidences exactes du conseiller le plus proche de l'Élysée qui avait dès le départ mission d'informer : « Dès le premier jour où je me suis installé dans le bureau jouxtant celui du président de la République, j'ai pensé que mon devoir serait, un jour ou l'autre, de rendre compte aussi intégralement que possible, de témoigner, d'expliquer... » A suivre, pas à pas, toutes ces années, on comprend mieux le rôle des seigneurs de la cour mitterrandienne. Apparaissent ainsi dans leurs habits de lumière, croqués par un guetteur de l'ombre particulièrement exposé, les hommes de la dynastie : Pierre Mauroy – fidélité, loyauté, solidité –, Laurent Fabius – irritable, occupé de lui-même –, Jacques Delors – débordant d'états d'âme, démissionnaire à tout instant –, Jack Lang – superstar, bouillonnant, agité. Hagiographie ou réquisitoire? Je dirai : implacable regard. A propos de Pierre Bérégovoy, le 11 mai 1981 : « Rue de Bièvre, François Mitterrand reçoit PB à qui il confie le secrétariat général de la Présidence. Celui-ci est déçu, il espérait être ministre. » Il le sera trop tard. Au sujet de la politique, mère nourricière de tous les septennats : « Dans l'avion qui nous ramène à Paris, je demande à François Mitterrand quelle est, à son avis, la principale qualité de l'homme politique. Il répond : " J'aurais voulu dire la sincérité; en réalité, c'est l'indifférence. " » Répliques courtes, cinglantes, parfois paradoxales, cruelles, le Président, provincial, n'aime pas les énarques : « Conformistes, incapables d'écrire en français, coupés du peuple, réactionnaires. » Cela va vite, chaque page est prétexte à coups de griffe et je dis à Jacques – qui s'en défend – la perversité, la malhonnêteté de l'exercice. Il est vrai que la vacherie passe mieux que la tendresse. Dans cette caverne d'Ali Baba des confidences murmurées, je retrouve les chemins tortueux des expérimentations audiovisuelles. A la date du 4 novembre 1984 : « A 8 heures du matin, début des émissions de Canal Plus. Il faut cinq cent mille abonnés pour que l'affaire s'équilibre. Rousselet y croit. Le Président aussi. Fabius ricane »... Je me souviens de ce début, j'étais personnellement optimiste et vraiment le seul de notre petite équipe réunie tôt, comme chaque matin au bar des Théâtres, endroit favorable aux propos de naissance : c'est là, en effet, que Jean-François Kahn m'avait annoncé son intention de « créer un hebdomadaire financé par les lecteurs ». Promesse tenue : on sait aujourd'hui la réussite de *l'Événement du Jeudi*. Le 5 novembre 1984, Attali réitère l'avertissement d'André Rousselet : « J'espère que vous n'allez pas faire l'erreur de créer une cinquième chaîne. Vous tueriez Canal Plus. » Fillioud, Lang et la presse de province sont contre. Fabius est pour. Le 5 janvier 1985 : « ... On discute de la création de la chaîne de télévision privée... Jean Riboud est candidat. Tout comme Jérôme Seydoux. Fabius est pour Berlusconi, Jack Lang aussi. Le Président s'inquiète : " Cela ne tuera-t-il pas Canal Plus ? " Laurent Fabius : " Canal Plus est déjà mort " »... Je ne suis pas sûr que de telles révélations puissent réjouir l'ancien Premier ministre qui a déjà reçu tant de coups ! Le 14 novembre 1985, « François Mitterrand demande à Laurent Fabius de boucler au plus vite le dossier des cinquième et sixième chaînes : les élections approchent ». Le 20 novembre 1985, en Conseil des ministres, « Laurent Fabius déclare qu'il croit savoir que l'opposition a l'intention de privatiser Antenne 2 au profit d'un groupe Hersant-Hachette, et de laisser FR 3 retourner au néant. Si l'on fait démarrer maintenant les deux chaînes privées – la Cinq et la Six – il ne sera plus possible, compte tenu du marché publicitaire, de privatiser Antenne 2 ou FR 3. Voilà le fond du débat. Ce sera l'une des plus dures batailles depuis le début du septennat »... Curieuses manœuvres, étranges calculs, scandaleux dérapages. Décidément, la politique n'aura jamais rien compris à la télévision. Et nous en avons quotidiennement la preuve, les choses ne sauraient s'arranger, trop d'amateurs s'arrogent trop de pouvoirs. Fin de la chronique audiovisuelle du redoutable Attali : « Le 20 février 1986, à 20 h 30, la Cinq commence à émettre. Débauche de bulles et de paillettes. Le Président : " C'est peut-être une des meilleures décisions de mon septennat. " » Peut-il le redire aujourd'hui ? Mais le cirque continue...

10 mai. En littérature, c'est vrai — et Bernard-Henri Lévy me le rappelle —, Romain Gary a eu le malheur de choisir le rôle que tenait déjà Malraux. Les erreurs d'affectation sont également nombreuses à la télévision, et cela ne met nullement en cause la qualité des « poursuivants ». Mais le handicap est sérieux. Bernard Rapp n'oublie pas qu'il y eut Pivot, Denisot n'aurait pas dû copier Drucker, Pascal Brunner ne sera jamais Sébastien, ni Guillaume Durand Jean-Marie Cavada. Les prétendants au trône cathodique doivent s'assigner un rôle, une image qui n'est pas au répertoire. Un présentateur de télévision, s'il veut résister un temps, se doit d'être *unique* jusque dans ses défauts.

11 mai. Son exceptionnelle réussite un soir à la Sorbonne près de François Mitterrand aurait dû le contraindre aux seules grandes opérations de prestige. Hélas — poussé par les siens — le voilà qui plonge dans les banalités de la mode exploitant à foison les sujets les plus frelatés. Déjà, la « Ville n'en parle plus » et ses « Nuits » sont trop longues. Dommage. Guillaume Durand ne saurait se satisfaire de zones d'ombre qui l'étouffent et le perdent. Il aurait dû demander aux voyantes qu'il recevait tout à l'heure le demain de son avenir.

12 mai. Alain Carignon annonce officiellement, devant la Commission des Affaires culturelles de l'Assemblée, les projets du gouvernement Balladur pour le secteur audiovisuel. Je le retrouve au journal de 20 heures de Paul Amar : « Je ne serai pas l'homme d'un bouleversement complet de notre paysage médiatique. » Je le sais sincère, je l'imagine harcelé par quelques sinistres sabreurs, j'entends ses prudences; d'évidence, il ne souhaite pas déraper, le moindre mot peut être prétexte à l'interprétation. Mais il y a tout de même cette petite phrase : « Nous voulons faire de France 2 une chaîne forte, un très grand réseau. » Pas la moindre allusion à France 3. Je lui fais remarquer ce bizarre oubli : « Maladresse, me dit-il, tout va trop vite, nous n'avons jamais assez de temps pour aller jusqu'au bout d'un commentaire. » Il paraît désolé mais je pense que tout cela a un sens. Parler de la 2, faire l'impasse sur la 3, c'est habilement s'éloigner de l'entité France-Télévision et donc induire la possible disparition de la présidence commune. Je le dis au ministre, il s'étonne de mes conclusions, me demande un complément d'analyse. Cela se dessine en peu de mots, déjà écrits, et je ne crains pas de me répéter : « Ne nous occupons pas des hommes, regardons l'institution. Si l'on supprime la présidence commune, on casse France-Télévision, et s'il n'y a plus cette force capable d'inquiéter TF 1, on tue la télévision publique dans son potentiel de pénétration. » Carignon écoute avec cette attention que je lui connais et qui me l'avait rendu si sympathique autrefois à « Radioscopie », il comprend mon inquiétude mais le politique a du ressort : « Il ne faudrait donc rien changer ? » Nenni. Il y a beaucoup à faire, de grandes émissions nouvelles à inventer, le réseau de la Cinq à reconstruire, il faut d'urgence un projet. Je ne saurais me contenter d'un facile cocorico de circonstance. Évidemment. J'ai toujours bataillé pour une télévision de prestige. Mais il nous faut exister et aujourd'hui, nous existons. Pourquoi revenir en arrière ? Si nous sommes à ce point impatients, c'est qu'il y a des raisons. J'ai bien noté les déclarations du ministre de la Communication devant la Commission de l'Assemblée : « J'ai décidé de faire élaborer une charte de la télévision publique qui devra mettre en place une grande chaîne nationale – France 2 – qui se distingue clairement des chaînes commerciales... et une véritable télévision de proximité qui s'appuie sur les structures décentralisées – France 3 –, la France étant le seul des grands pays occidentaux à ne pas être doté d'une télévision régionale performante. » C'est clairement énoncé. Comme une condamnation de France-Télévision ? Ne serons-nous jamais écoutés ?

*

Françoise Sagan verse à son tour dans l'observation de nos étranges lucarnes : « Le seul rôle a priori immuable de tout débat télévisé est celui du meneur de jeu, qui doit posséder toutes les vertus et parfois quelques défauts : l'autorité, la politesse, le sang-froid, l'érudition, la gravité, l'ironie, le tact, l'entrain, l'hypocrisie, la prudence... Certains font preuve de tout cela mais pas forcément dans la même soirée. »

*

Allain Bougrain-Dubourg vole au secours des tourterelles. Et s'avance à découvert sur les routes traversières des chasseurs du Médoc. J'aime les oiseaux... mais je ne puis m'empêcher de penser aux enfants qui souffrent partout dans le monde. Aujourd'hui, on ne devrait plus se mobiliser que pour eux.

*

Sur TF 1, un document tout à fait remarquable de Jean-François Delassus, *la Gauche s'en va*. Détresse, tristesse, noblesse des vaincus. Analyse pointilleuse sur fond d'images saccadées de l'ampleur de l'échec qui, d'un coup brutal, casse tant d'années de triomphe. Après l'arrogance, la pathétique humilité. La défaite vécue avec cette intensité devient émouvante, on se prend à aimer ces femmes, ces hommes qui s'étaient inventé un destin où la chute n'avait pas sa place. Tragiques secousses des retournements. « J'ai tant fait, dit l'un d'entre eux. Je n'ai même fait que ça, j'ai tout sacrifié à mon département et voilà comment on me remercie. » Déception d'un homme simple, sincère, honnête, qui a tout donné à son combat. C'est la base qui souffre. Tout à côté, les grands du Parti font encore des effets de manche. Ainsi, Jack Lang, agacé, meurtri par la soudaine désinvolture des journalistes à son égard et qui lâche : « Notre échec incombe totalement à Rocard et Fabius. » Ce dernier n'est pas en reste question perfidie : « Delors sera demain le vrai rassembleur et moi, j'ai quarante-six ans. » Façon courtoise de rappeler que Rocard en a soixante-trois! Oui, très beau film, de l'excellent cinéma vérité. On en redemande.

13 mai. Si son professionnalisme a pris de la bouteille, c'est qu'il est aujourd'hui catalogué grand cru. On peut boire du Bouvard à doses généreuses. Rares ceux qui ont engrangé tant de succès à la fois dans la presse, à la radio et sur nos étranges fenestrons. Son côté papivore actif le promène au plus exposé d'une foultitude de gazettes, ses émissions – de « Samedi soir » aux « Grosses têtes » – le font éternel jeune homme pressé en quête d'un minimum de certitudes, toujours trop occupé, picorant à loisir des broutilles de talents en jachère. Il n'a eu de cesse que de se grandir à regarder d'en bas de prétendues célébrités qu'il démontait au gré d'un esprit courtois mais dévastateur. Je regrette qu'il se soit bonifié jusqu'à ne plus croire à ses impertinences. Le temps est, me semble-t-il, venu pour lui de reprendre le cours de ces veillées du soir où vedettes et personnages huppés du moment perdaient beaucoup de leur superbe à l'écoute de ses perfidies.

*

Nos chaînes publiques ont régulièrement raté l'ouverture du Festival de Cannes. Je nous croyais imbattables à ce degré zéro de la montée des marches. Faux. Canal Plus est également tombé dans le piège d'une cérémonie au protocole vieillot, à la mise en scène bâtarde. Rien n'y fait, ce sont toujours les cordonniers qui sont le plus mal chaussés. Il faut repenser la soirée dans sa totalité et surtout ne pas la laisser à la discrétion des organisateurs, au seul bénéfice des notables.

*

La charte de l'audiovisuel, qui fut dès 1975 l'obsession de Marcel Jullian, serait donc la prochaine aventure de septembre. Je dis bien charte et non pas rapport. Il convient de donner, puisque la pédagogie s'en mêle, des missions indiscutables, précises, réalisables. Il faut surtout que le gouvernement cesse de réclamer la qualité des programmes, en même temps que l'audience immédiate. On ne saurait avoir le commerce de TF 1 avec l'élitisme d'Arte.

14 mai. J'aurais dû le revoir, je l'avais promis à Hélène Parmelin, mais je ne souhaitais pas ajouter à sa fatigue. Il est mort tout à l'heure. A quatre-vingt-six ans. Édouard Pignon fut sans doute l'une de mes meilleures rencontres, l'une de mes voix les plus justes – on pourrait songer à rediffuser sa « Radioscopie ». Je lui disais souvent qu'il ressemblait à mon père. Ce grand peintre, entré dans le silence un peu trop tôt et privé de regard, le pire pour un créateur, n'a jamais rien renié, ni ses origines simples, ni ses engagements, ni ses amitiés. Il ne s'est jamais trahi. En 1956, quand les chars soviétiques forcent Budapest, il prend ses distances avec le parti communiste qui était pour lui « une espérance ». Cette rupture fut pour toute sa vie une déchirure. Non pas la décision de rompre mais le compte des années perdues à vouloir croire! « Quel est votre but avoué? », lui avais-je demandé un soir sur la Butte : « Je veux comprendre. »

15 mai. 7 h 25. Samedi. Enfin *La* nouvelle sur France-Info. Deux phrases d'un premier jet. « Ils sont sauvés. Il est mort. » Nous ne vivions plus depuis jeudi. L'horreur l'emportait sur toute autre considération hasardeuse, tout un pays se retrouvait " malheureusement uni ", c'était abominable et beau de se savoir ensemble. Heures de tristesse au cours desquelles je n'ai pas écrit une seule ligne sur cette prise d'otages, sur ces enfants que l'ignorance délivrait de toute angoisse. C'en est donc fini de l'insoutenable attente des parents et de l'évidente impossibilité à réagir. L'inimaginable, le scandaleux, l'abject auront été défaits − non pas effacés − par l'héroïsme des négociateurs et la science du Raid. Admirable comportement de ces hommes qui méritent tous les honneurs et que leurs spécifiques missions tiennent dans l'anonymat le plus total. On se réjouit mais tout aurait pu capoter. Il eût suffi d'un rien. D'un mot, d'une attitude équivoque, d'un dérapage de la radio ou de la télévision, sources d'information du désespéré. Chacun a pesé le poids de ses responsabilités, beau travail, remarquable maîtrise. On sait maintenant que le « preneur » s'appelait Éric Schmitt, on apprend qu'il faisait chanter les enfants, qu'il jouait avec eux, demain, on pourra en dire plus mais de grâce, que la colère s'apaise. Défendons-nous de juger et retenons la leçon de courage, de compréhension, de dignité de Laurence Dreyfus, d'Évelyne Lambert, de Catherine Ferracci, trois femmes qui avaient sans doute envisagé leur mort et qui nous reviennent le plus naturellement du monde, sans triomphalisme, dans leur orgueilleuse modestie. Quel exemple...

Un dernier mot... comme un signe d'amitié et de reconnaissance à Nicolas Sarkozy qui aura, en cette affaire, été aussi efficace que discret. On l'attendait demain à « l'Heure de Vérité », il annule à l'instant sa participation et cela nous touche. Détermination, pudeur, délicatesse, modestie : voilà les riches mots de toutes ces heures.

*

L'Irlande, qui a encore gagné, ne mérite pas le moindre envoi de fleurs : sa chanson était sirupeuse, médiocre, pauvre de tout effet musical, hurleuse, sans intérêt. Une certitude : le « Concours de l'Eurovision » (sur France 2) est ce qui se fait de plus ordinaire dans le domaine du spectacle. Sa représentation sur l'écran est forcément caricature. Vingt-cinq pays se savent en lice pour exhiber le plus mauvais refrain. Farce d'autant plus regrettable que la rencontre devrait être une fête. Pas une idée, aucune envolée, pas de fièvre, aucune émotion au-delà du commerce d'un titre primé, pas d'imagination, une mise en scène de préau d'école pour cinq cents millions de téléspectateurs! Et du bruit et de la fausse tendresse et des groupes en rut qui déchirent les mots. Et des intermèdes, cartes postales grotesques qu'un syndicat d'initiative du trou le plus obscur n'oserait présenter. Pauvre Irlande, si belle au regard de celui qui la découvre, si lumineuse dans tous ses gris. J'allais oublier : il y avait aussi, dans cette décomposition de la ritournelle, une chanson française. Pas plus ridicule que les autres. Pareille. Mon obstination pourtant aurait mérité récompense. Ayant « magnétoscopé » cette émission, occupé que j'étais à suivre l'Opéra –, j'ai dû m'imposer un calvaire jusqu'aux petites heures du matin.

*

D'abord l'Opéra. Il est nouveau. Il est Nouvel. Lyon s'offre le plus bel outil et Louis Erlo le plus séduisant scandale. L'un ne va pas sans l'autre, on finirait par en oublier la Bastille. Je n'étais pas à cette inauguration, mais le téléspectateur qui a suivi les *Contes d'Hoffmann* sur France 3 peut tout de même juger. C'était du plus beau noir et de la meilleure prétention. Choquant? Pas du tout. Plutôt d'une audace débridée dont la folie était absente. Heureusement, il y avait les voix. Et vive Barbara Hendricks, Nathalie Dassey, José Van Dam, Gabriel Bacquier. J'ai cru aussi entendre un ténor, Galvez-Vallejo. Il n'est pas de mon oreille.

16 mai. On me communique le chiffre d'audience des *Contes d'Hoffmann*, diffusés en prime time sur France 3. A pleurer. Le plus bas score du samedi depuis des années : 3,5 (mais tout de même six cent mille téléspectateurs). *Columbo* est gratifié d'un 41,8 et l'affreux « Concours Eurovision » d'un... 45,0. Qui dira encore que le public est innocent!

*

Le roi du Maroc face à Anne Sinclair dans l'un des petits bureaux de son palais de Rabat. Un « Sept sur sept » fidèle à son image, serré, rythmé, sans complaisance. Questions savamment ajustées, excellentes réponses, évidente continuité des vieilles ambiguïtés. Ce n'est pas le face-à-face d'un homme et d'une femme mais plutôt le dialogue poursuivi du Maroc et de la France, avec pour points d'ancrage notre contentieux colonial, la difficile et nécessaire indépendance, nos ruptures, nos blessures, les crises multiples et cette espérance sous-jacente d'éternelle réconciliation. Les intellectuels-amis de mon cher pays ne sauront jamais comment il faut parler de cette terre maghrébine, tant ils l'aiment pour son prestige, la qualité de son accueil, tant elle les gêne par son épanouissement et un développement que l'on ne découvre pas ailleurs. Ils ont à son égard des comportements de vieux adjudants du protectorat. Je m'étonnerai toujours de la différence des discours selon qu'il s'agit de l'Algérie ou du Maroc. Notre ancienne culpabilité nous force à taire les turpitudes de la première et à aiguiser nos piques sur le second. La folie du Fis, les exécutions quotidiennes des combattants de l'intégrisme, les dizaines de milliers d'arrestations, l'inquisition à contre-courant menée pour d'excellents motifs, à Alger et dans bien d'autres villes n'y font rien : pas le moindre mouvement de foule aux contours de la République, une réprobation muette. Un millième de cette tragédie vécue par le Maroc eût été motif à des manifestations de masse. A la vérité, Hassan II agace terriblement tous ceux qu'un amour immodéré et peut-être inconscient de la dictature a souvent poussés à faire de mauvais choix. Que penser d'un homme qui, aux lendemains de notre « occupation », a décidé pour sa nation le multipartisme, lorsque ailleurs le parti unique faisait ses saccages, qui a préféré l'Ouest à l'Est, qui n'a pas craint d'engager la modernité sans pour autant sacrifier la tradition? C'était ne pas se tromper sur l'avenir mais on pardonne difficilement à celui qui, parfois contre les siens, a ainsi défini, aux heures riches et douloureuses de l'indépendance, les bons axes. J'ai cru comprendre tout cela à certaines impatiences du monarque pendant cette heure d'un dimanche à TF 1. Comme s'il y avait étonnement à ne pas s'en tenir aux seules réalités. Et Anne Sinclair, épatante comme toujours, ne faisait point autre chose que traduire la grisaille d'un climat intellectuel sans doute meilleur mais pas encore au beau fixe. Penser le Maroc de façon gentiment perverse est dans l'air du temps français. J'imagine qu'on aurait regardé questionner Kadhafi et Castro d'une manière différente, alors que la tyrannie leur est coutumière. Superficialité dangereuse de nos petits sacrifices à la mode, dernier avatar du dérapage à l'Est. Il n'y a pas de mérite particulier à interroger le roi sur les droits de l'homme, la situation des disparus, le sort de la famille Oufkir, l'étrange comportement des ennemis de l'État chérifien. Ne serait-il pas plus courtois d'admettre qu'Hassan II est simplement le commandeur d'un pays fier, en plein essor − donc exposé aux bavures −, d'une nation délicatement inscrite dans une géographie épineuse, au cœur d'un Maghreb déchiré? J'eusse préféré que l'on parlât du Maroc comme le seul trait d'union entre l'Europe et l'Afrique, comme d'un territoire de francophonie, comme d'un rempart à tous les intégrismes, comme d'un recours – unique – dans le rapprochement nécessaire entre Israël et le monde arabe. Et cette suite de chances n'obéit qu'à la personnalité du roi. Cela, tout le monde le sait, à droite et à gauche, tout le monde le dit mais on a peine à l'écrire, à le proclamer. Dans une débauche de faussetés et de lieux communs, quelques-uns – de plus en plus rares – préfèrent s'en tenir encore aux élucubrations d'un Gilles Perrault, alors qu'il y a maintenant l'honnête interrogation d'Éric Laurent, son livre de référence sur la question, où tout est dit des grandeurs et des erreurs de ce pays que j'aime. Jouons définitivement la carte du Maroc qui est autrement moins aléatoire que celle de l'Algérie. Simple affaire d'intelligence politique.

17 mai. La dernière page du *Point* est maintenant devenue mon premier rendez-vous avec cet hebdomadaire. J'y retrouve le bloc-notes de Bernard-Henri Lévy et particulièrement cette semaine le carré d'éternité de son angoisse. Écrivant sur Jean-Marie Benoist qui reçoit aujourd'hui, dans un petit livre, l'hommage de Revel, Derrida et Lévi-Strauss, B.-H.L. se plaint amèrement d'un « salut si beau, si émouvant... Il a fallu que son destinataire s'en aille pour qu'il lui soit enfin adressé... Cruauté de l'époque... grimace du destin... Autrefois, quand un écrivain mourait, c'est le purgatoire qui commençait. Aujourd'hui, c'est le contraire : le purgatoire, c'est la vie; et c'est après la mort que l'on s'affaire autour de lui pour l'ensevelir sous les gerbes, les gloses ou les " mélanges ". La philosophie le cède à la nécrosophie. » Allons, Bernard, pas de panique, c'est à toi que tu penses et tu as tort de te désespérer. Tu as tes propres divisions d'amis, promptes à te porter de ton vivant. Et puis, c'est glorieux d'être détesté par ceux que l'on n'aime pas. Écris vite ton « Jugement premier »... J'ai toujours pensé que Bernard-Henri Lévy ferait un excellent homme de télévision si on l'attelait à un projet d'envergure, en direct au milieu des clercs et des simples. J'avais imaginé pour lui, en 1990, sur FR 3, l'animation d'une « Bibliothèque » à la manière de Borges. Déjà, Pierre-André Boutang veillait à ne pas perdre ses privilèges.

*

J'espère rencontrer demain George Soros, ce milliardaire américain d'origine hongroise qui a bâti toute sa fortune sur des spéculations strictement intellectuelles. Cet homme a une véritable prescience de ce qui se passe à l'Est et nous devrions l'écouter : « Seuls, les Occidentaux ont les moyens d'éviter le pire. Les Russes ne peuvent plus rien eux-mêmes. » L'urgence des urgences est toujours du côté du Kremlin.

18 mai. Interrogé sur ce qu'est l'esprit Havas — et écouté par Philippe Gavi —, Pierre Dauzier a répondu : « Une communauté réduite aux aguets »... Comme France-Télévision qui a bien du mérite à affirmer sa sérénité, son équilibre, sur la vague des turbulences déclenchées par les petits caporaux du changement.

19 mai. « France 3, explique ce matin Jacques Baumel, possède des émissions intéressantes, mais c'est une chaîne hybride qui n'est ni parisienne ni régionale. » Évidemment, cher président — je ne sais plus de quoi —, puisqu'il s'agit d'un réseau national, généraliste, seul capable d'associer dans un même bouquet de qualité les forces de la capitale et les valeurs de la province. J'ai tellement bataillé pour cette chaîne, à la tête d'équipes superbes, que je ne supporte plus le n'importe quoi, cette dérive des sentiments, ce long fleuve si peu tranquille des ignorances. La vieille grande idée des politiques toujours en charge de leurs propres prétentions audiovisuelles est « de faire une véritable télévision de proximité qui s'appuie sur les structures décentralisées ». C'est oublier qu'il faut pour cela casser une architecture difficilement installée et accepter un financement complémentaire totalement colossal. Peut-on croire que la presse quotidienne régionale (PQR) acceptera de participer aux agapes? Qui oserait affirmer que les conseils régionaux mêleront leurs budgets à l'affaire? De quels talents disposera-t-on? Bien sûr, beaucoup de modifications doivent être apportées, nous avons déjà communiqué très officiellement nos solutions pour une évolution rapide de France 3 – plus d'espace, moins d'administration et de démagogie –, mais ce qui reste en souffrance chez les contestataires révolutionnaires de pacotille, c'est le Projet. Il n'existe nulle part, mille rapports l'ayant assassiné pour longtemps. Puis-je rappeler que France 3 a multiplié depuis 1990 les zones de proximité et développé en ces endroits l'information sur le patrimoine, le tourisme, l'actualité politique? Tout n'est pas accompli, la tâche à venir est immense, mais la réalité du moment est maintenant partout reconnue : France 3 a la meilleure image de toutes les télévisions européennes. Est-ce bien ce résultat que l'on souhaite étrangler?

21 mai. Je les regarde le soir, je me plais à leur délire, tout leur est jouissance. Plus, mieux qu'un jeu de massacre... un fait de société. Les « Guignols » de Canal Plus ne caricaturent pas les hauts personnages de ce temps, ils en sont l'exemplaire et terrifiante photographie. Et les spectateurs ne s'y trompent pas qui leur ont fait à Cannes de splendides embrassades propres à désespérer les stars de la Croisette. Le succès est là, on devrait même dire le triomphe : les vraies vedettes du Festival auront été Philippe Gildas, Antoine de Caunes et leurs cent têtes pensantes enfin rendues au plus intime de leur personnalité. Le constat est sévère, redoutable, accablant, et l'interrogation même pas muette : serions-nous tous des guignols? Canal Plus a magnifiquement réussi son opération de prestige et redonné à ce rendez-vous du cinéma mondial la folie belle qui semblait l'abandonner.

22 mai. Sept ans après, Caroline Tresca décide de quitter la télévision où elle a su imposer son enthousiasme, sa fidélité à une éthique, une présence. « J'ai besoin, dit-elle, de me retrouver... Je cherche d'autres passions parce que la vie est courte. » Exemplarité d'une animatrice de cet âge, servie et desservie par son physique mieux qu'agréable. Je l'aimais dans ses parcours d'après-midi sur FR 3, je ne souhaitais pas qu'elle les quittât, mais elle avait tendrement insisté : « Je n'en peux plus de mon côté apparemment superficiel. » Nous décidâmes ensemble d'une autre émission à une heure différente. Je ne suis pas sûr que nous ayons trouvé le concept idéal conforme à ses ambitions.

23 mai. Emmanuel Berl, que j'allais visiter rue Montpensier, ne me parlait pas seulement de philosophie. Souvent, il nous arrivait de mettre joyeusement en pièces la télévision dont il était devenu le chroniqueur passionné : « Mes amis les plus proches, me disait-il, détestent la petite lucarne. Alors, pour les embêter, je fais semblant de n'aimer que ça. » Les Éditions François Bourin – grâces soient rendues à Bernard Morlino – ont décidé de publier, sous le titre *Un téléspectateur engagé*, ses critiques, ou les textes souvent cocasses qu'il donnait au *Nouveau Candide*. Entre 1954 et 1971, cet intellectuel curieux de tout n'aura rien manqué de ce qui faisait le quotidien du petit écran. « J'étais là pour tout voir, tout entendre, je savais dès le départ que cette expression nouvelle était un art, je n'aurais pas voulu rater son envolée. Et puis, cela me donnait de temps en temps l'occasion de disserter sur le " Conservatoire de la Chanson " de ma femme Mireille. » Parfois, sur une feuille de papier brouillon, il me dessinait la liste des meilleurs animateurs. Je dis bien « dessiner » parce qu'il y ajoutait un semblant de portrait. Arrivait toujours en tête Jean Nohain, puis venaient Zitrone – « C'est un avaleur de cathédrales », Tchernia – « C'est un boyard à quatre bandes, il frappe de partout », Sabbagh – « D'une fumée de pipe, il fait un brouillard ». Je l'écoutais sans dire le moindre mot, il en rajoutait et me répétait sans cesse : « Je t'en prie, note tout. »

J'ai perdu, hélas, l'essentiel de ces petits papiers de Barbarie.

Dans *Un téléspectateur engagé*, j'ai relevé quelques réflexions. Sur la télévision : « Elle transforme ce qu'elle transmet. A force de répéter qu'elle est un miracle, on oublie qu'elle est un monstre. » Sur Catherine Langeais : « ... Je la préfère à Jacqueline Joubert... Quand elle me dit bonsoir, j'ai l'impression qu'elle désire vraiment que je dorme bien. » Sur le pouvoir de l'écran : « Aucun mode d'expression ne rend si criant, si odieux, le mensonge. » Berl m'avait proposé d'écrire un texte à deux voix sur « l'étrange errance des images ». Évidemment, comme en mille autres occasions, je n'ai jamais donné suite...

*

Michel Denisot, sur Canal Plus le dimanche! Bizarrement, rien à en dire, sinon qu'il a enfin trouvé sa voie, assuré un but à sa vie en l'accordant au trop-plein du football. Un passe à passe réussi.

25 mai. Dans *le Maître d'école* — avec Coluche — sur TF 1, cette réflexion d'un enfant : « Un égoïste, c'est quelqu'un qui ne pense pas à moi. »

26 mai. On se souvient du mystérieux Caton qui avait publié chez Fayard, en 1983, *De la reconquête*, étonnant essai dans lequel un homme de droite massacrait son propre camp. On sait depuis l'identité de ce « fantôme », pamphlétaire de bonne renommée, qui eut l'astuce de dérouter toute l'intelligentsia parisienne. C'était Bercoff, et le bougre s'amusait bien. Aujourd'hui, à la lecture de *Verbatim* – toujours sur ma table de chevet –, l'ami André ne doit pas sourire. Jacques Attali révèle que la veine de sa *Reconquête* est une commande du président de la République qui souhaitait mettre ses adversaires dans l'embarras! Dès lors, une question se pose : un journaliste aussi percutant, un collaborateur si zélé – il anime « Français, si vous parliez » sur France 3 – peut-il se prévaloir d'une totale liberté? Il y en aura pour dire qu'il s'est mis au service du pouvoir, qu'il a été le mercenaire de François Mitterrand et de la cause socialiste, qu'il a trahi notre éthique. Je le connais assez pour croire qu'il a seulement fait une bonne blague, une plaisanterie de potache. Mais c'était tout de même ridiculiser les uns en se vendant aux autres! La vertu d'indépendance en prend un sacré coup...

27 mai. Le ministre de la Communication Alain Carignon présente aujourd'hui sa Commission de réflexion sur la télévision de service public : vingt-sept experts – on les appelle ainsi – en charge d'un livre blanc destiné à devenir une charte. Rien que du beau linge. Deux ou trois vrais professionnels – Elkabbach, Cavada –, quelques jolies plumes, des analystes, des seconds couteaux de la politique – enfin, des canifs – et, bizarre, bizarre, des représentants titrés des chaînes commerciales. On croit rêver. L'originalité n'a plus de limites, le mépris non plus! Le ministre, plutôt conciliant en toutes choses et de nature conviviale, aurait dit de cette Commission qu'elle était « l'équipe de France de la télévision publique ». Remplaçante, sans doute. Les titulaires d'aujourd'hui apprécieront comme il convient cette faute de jeu, ce tacle grossier. Carton jaune pour l'instant.

28 mai. Sur l'écran, le visage tragique de Jean-Pierre Papin, sa douleur, après *sa* défaite devant Marseille. Les contours d'une erreur! Je pense à Richard III, retour d'Irlande : « Je suis sensible au manque, je ressens du chagrin et j'ai besoin d'amis. »

*

J'aimerais entendre des choses comme celle-ci dans les émissions littéraires de la radio ou de la télévision : « ... Ça ne va pas si mal qu'on le dit dans l'édition. Il y a même de bons livres qui se vendent comme si c'étaient des mauvais. Et il y a des mauvais livres qui ne se vendent pas du tout comme s'ils voulaient singer les bons... » C'est de Bernard Frank dans sa chronique amoureuse du *Nouvel Observateur*.

30 mai. Gorbatchev sur toutes les chaînes, toutes les radios, hôte des meilleures tables, flanqué de sa femme et de sa tache violette, emblématique. On attendait des révélations, quelques saillies à défaut de colères. Rien, et pourtant, j'ai tout regardé, tout entendu. Sur Arte, avec Bernard Guetta, sur la 3, avec Jean-Pierre Elkabbach (le plus percutant), sur France 2 avec François-Henri de Virieu. On voulait tout savoir, mais lui ne souhaitait pas déraper sur des phrases définitives. A la vérité, le passé dont il aurait pu parler était singulièrement protégé par l'avenir qu'il semble mieux appréhender. J'ai cru voir un homme en réserve de la République, prêt à bondir à la première escarmouche, au premier faux pas de son ennemi Eltsine. L'étonnant Gorby n'assurait pas le service ventes de ses *Avant-Mémoires*, il s'annonçait plutôt, pour demain, président providentiel...

1ᵉʳ juin. Une attitude courtoise, des échanges de regards, une manière naturelle de marcher côte à côte, autant de signes qui, du moins sur l'écran, ne trompent pas : Mitterrand-Balladur font chemin ensemble. Enfin, des opposants qui se respectent, sans doute s'estiment et pourraient être amis s'il n'y avait d'un côté les courtisans et de l'autre les aboyeurs.

2 juin. Stéphane ne pouvait pas croire qu'il monterait si haut si tôt. Il lui aurait suffi d'un ULM pour apaiser ses rêves d'altitude et le voilà passant les nuages au plus obscur de l'au-delà, délivré de cet épais tapis de cauchemars. Le poids de son innocence devenait lourd à porter, nous regardions sur l'écran, mois après mois, les blessures du mal, nous l'avions vu suivre auparavant, jour après jour, l'agonie de son frère Laurent, il y avait ses yeux déjà ailleurs, ses gestes maladroits, sa parole superbe. Stéphane voulait vivre, cri déchirant. Pauvres mots que les nôtres, désespérante contamination, scandaleuse machination.

*

Balladur sur son petit nuage chargé d'éclairs. Encore en état de grâce dans cette « Marche du Siècle » qui lui est consacrée. Serein et menaçant : « La solidarité indispensable au sein du gouvernement doit trouver son reflet au cœur de la majorité. » Avis aux bavards. Volontaire et lucide : « On doit prendre le risque de déplaire. La confiance ne sera pas éternelle. » Excellente émission. Cavada au mieux de sa forme.

3 juin. Festival d'Annecy, marché mondial des dessins animés. Beauté du lac, de la vieille ville, soleil sur le canal où passent les cygnes. C'est jour d'inauguration. Alain Carignon promet de ne pas troubler le difficile équilibre du paysage audiovisuel français : « J'attends les propositions de ma commission, je souhaite l'établissement d'une charte, j'aimerais donner plus d'espace à la jeunesse, il ne saurait être question d'une prétendue chasse aux sorcières. » Près de lui, Bernard Bosson, ministre et maire de la cité, disert, amical, professionnellement intact, loin des vanités, nullement déchiré par la fonction. Un homme à suivre.

5 juin. Guy Forget n'est pas venu, Henri Leconte est juste passé, les autres ont vite disparu. Comme si le tricolore n'était plus à la mode cette année. Du bleu délavé, du blanc défait, du rouge fané. La terre n'est plus battue par les nôtres mais le tennis est devenu meilleur. Jamais on n'avait si bien joué, si fort, si dur, si loin du court. Technique irréprochable, passion évacuée. Colosses resplendissants qui font le coup de raquette-assommoir, nostalgie du charme d'autrefois. Nous manquent les forts-engueule, les tragédiens de la balle, tous les Nastase, Connors, Vilas, Mac Enroe, Noah, Gerulaitis. Au soleil et à la pluie, des visages lisses sur lesquels on ne saurait distinguer une ombre de folie. Roland-Garros bascule dans la mélancolie. Les bûcherons ont décimé les poètes. Mais il y a peut-être, là-bas... Bruguera.

6 juin. Nicolas Sarkozy à « L'Heure de Vérité ». Le jeune homme s'est singulièrement étoffé. Il frappe juste, avec une facilité de parole déconcertante, un sourire ravageur, sans angoisse apparente, attaque rarement, se contente de répondre. A Bernard Pons par exemple : « L'intérêt général, ce n'est pas la somme des intérêts particuliers. » Il n'est pas loin de partager l'opinion de Charles Pasqua : « Le pire pour le gouvernement serait qu'il soit soutenu par une majorité de godillots. » Sa sincérité est évidente, ce qui aurait pu être « la tragédie de Neuilly » l'a vieilli et rassuré. L'affreux hasard lui a donné l'essentiel : une crédibilité.

*

Roland-Garros retrouvé. Le soleil, la passion, la bataille, le beau jeu. Au terme d'une finale superbe, Sergui Bruguera détrône Jim Courrier. Intensité de la lutte, envolées généreuses, élégance du geste. Bruguera tombe de bonheur, Courrier s'approche, le relève, le serre. Ils ne sont pas loin d'avoir le même âge, mais le second est déjà vieux de toutes ses victoires. Pour la première fois en ce dernier après-midi, je ne suis pas sur les gradins : j'ai voulu me convaincre encore de la force de la télévision. Irremplaçable.

*

Sa place est partout où soufflent les vents contraires de la politique. La plume, le micro, la caméra sont depuis un quart de siècle ses armes dissuasives, et si la grande vague médiatique le fait tanguer sur les difficultueuses crêtes de l'information, il n'en reste pas moins vrai qu'il rame sans états d'âme dans les bons courants. Alain Duhamel, que je fais entrer aujourd'hui, sur France-Inter, dans ma série dominicale des « Guetteurs du Siècle », est sans conteste le plus vigilant des analystes, le plus libre, le moins encombré des pressions du pouvoir. Son amour de la musique et sa passion pour le tennis lui donnent un certain goût de l'harmonie et de l'échange. Il sait la qualité des hommes – « Mes grands personnages? Churchill et de Gaulle. L'espoir pour notre pays? Balladur. L'inquiétude? Les banlieues et les violences en Allemagne. Le ratage dans l'audiovisuel? Toutes ces structures, genre Haute Autorité, CSA, ces commissions qui installent le désordre et enlisent les meilleures intentions. » Duhamel en a marre de ces Français qui ont peur de tout et même de leur ombre. Ce qui manque le plus à notre monde européen de dirigeants? – « La vraie concertation, l'exacte communication et la réelle harmonisation des décisions. Des peuples qui permettent la poursuite de l'horreur en Yougoslavie font la preuve absurde de leur division. » Seront-ils un jour adultes, nos grands chefs d'État?

7 juin. Daniel Toscan du Plantier, le Florentin, le Merveilleux, l'Incontournable, ce matin, à Radio Com sur France-Inter : « Le paysage audiovisuel français est aujourd'hui ce qu'il y a de mieux en Europe. Le plus bellement fleuri. Alors qu'ailleurs tout va mal, notre télévision, elle, s'est installée dans la performance. Pourquoi dès lors vouloir tout bouleverser? Que dire de cette Commission de réflexion, si mal foutue, créée par Alain Carignon? Le ministre est si intelligent que je le soupçonne de l'avoir inventée... pour ne rien changer. Et c'est ce qu'il y a de mieux à faire. France-Télévision est une grande réussite d'entreprise et le vrai bloc qui puisse affronter les chaînes commerciales. » Enfin, la voix du bon sens, la sage réaction d'un professionnel qui se méfie des mascarades de saison. Profitons de l'occasion pour saluer la qualité du rendez-vous quotidien d'Anne Brucy et Roland Mihaïl qui ont imposé ce carrefour inévitable où l'air du temps est chaudement respiré...

8 juin. Blaise Cendrars avait donné à *France-Soir* le récit d'un voyage en transsibérien que l'on considère encore comme un petit chef-d'œuvre de littérature. Or, Pierre Lazareff – et Philippe Meyer le rappelle dans *le Débat* – n'était pas sûr que son auteur avait réellement effectué la traversée. Il lui demandait souvent : « Blaise, tu l'as pris, ce train? » Un jour, Cendrars finit par répondre : « Qu'est-ce que cela peut te faire, puisque je l'ai fait prendre. » On peut penser en effet qu'il s'agissait d'un voyage imaginé. L'écrivain pouvait alors se permettre ce journalisme de liberté, il n'avait pas à craindre d'être démenti par l'abondance des informations, le mot « média » n'existait pas encore, la plume guillerette grattait le papier sans trop se soucier des réalités du temps. Aujourd'hui, à la radio et à la télévision, les débordements de nos grands reporters sont vite repérés, ce qui permet de faire la différence entre « 52 à la une » et « Envoyé spécial ». Évidemment, je donne ma préférence à ce dernier (et remarquable) magazine de Paul Nahon et Bernard Benyamin. La tricherie n'y a pas sa place.

9 juin. Jacques Toubon – comme Jack Lang – veut une chaîne musicale hertzienne. Rappelons qu'un tel réseau ne devra pas être réservé aux seuls groupes de rock et au répertoire, souvent débile, de quelques chanteurs assistés. La musique classique mérite d'y trouver son rang, ne serait-ce que pour montrer le grand talent des vrais professionnels.

11 juin. Perquisition à TF 1 par le magistrat et les policiers curieux de savoir *qui* a voulu « mouiller » Hervé Bourges dans l'affaire Botton. Or, tout le monde sait... mais la preuve, la nécessaire preuve, où donc est-elle?

14 juin. Il est actuellement le seul, toutes chaînes confondues, à donner un ton, une couleur au genre le plus difficile : le divertissement grand public. Michel Drucker, étonnant dinosaure des variétés à la française, est assez curieux pour aller en tout sens sans fausse note, assez malin pour embellir l'habitude, assez modeste pour éviter le mépris de l'intelligentsia. Il lui faut du métier pour déjouer les pièges, du professionnalisme pour ne pas être abattu par ses obligations d'audience. A ceux qui l'accusent de réaliser, depuis des lustres, la même émission — sous des titres différents — je fais tranquillement observer qu'il a l'intelligence, en chaque occasion, d'en changer le cours au hasard de trouvailles plutôt heureuses. Exemple, ce soir, très significatif : dans « Stars 90 », sur TF 1, deux clans à l'affiche qui se complètent. Le premier, conduit par Bernard Tapie et les joueurs glorieux de l'Olympique de Marseille, l'autre, plus discret, dirigé par Claude Lelouch et Francis Huster. Dans la même corbeille de mariage, une coupe d'Europe et un film remarquable, (*Tout ça pour ça*). Au final, une soirée gaie, conviviale, bien menée, sans prétention excessive, avec Sacha Distel, ses collégiens et quelques chanteurs ordinaires. Et surtout, une émission regardée par ceux qui claironnent n'en pas vouloir. Bizarreries de l'offre et de la demande.

15 juin. La provocation est un si beau sujet qu'il ne peut être traité du bout des lèvres par des clowns encombrés de leur suffisance. Le grand déballage habituel de Guillaume Durand fixe ce soir la limite de ce genre d'exercice. Il n'est rien de plus triste qu'un cirque sans gladiateurs, qu'un carré de malandrins pensionnaires du café du commerce. Pas la moindre « provoc » dans ce combat de dupes, pas même l'étincelle d'un début de scandale. Du bruit, de la mièvrerie, des tartes à la crème, de la bêtise en conserve, des mots en catastrophe, l'assassinat d'une langue par des bouches fumeuses. Je plains Guillaume, que la recherche d'audience conduit à ces petites manœuvres. J'ai lu sur son visage tout le tragique de la situation et, à la dernière minute de cette mascarade, j'ai cru comprendre qu'il s'accusait lui-même de trop de légèreté. Aura-t-il le temps (et la liberté) de changer de cap?

16 juin. « Oui, j'ai le regret de l'affirmer, la préoccupation de l'emploi demeure seconde dans les choix qui sont effectués, reléguée qu'elle est après la défense de la monnaie, la réduction des déficits publics... et c'est bien à un renversement complet des valeurs... qu'il faut nous atteler de toute urgence. » Ardent à son combat, les mains posées sur le pupitre, arc-bouté pour mieux piquer ses flèches, face aux caméras, devant les participants du Colloque de la Fondation du futur, Philippe Séguin, avec courtoisie et détermination, se pose en apôtre d'une approche différente de l'économie. Il y a dans ces déclarations un petit air de dissidence qui pourrait être prolongé ailleurs. Dans l'audiovisuel par exemple.

*

Retrouvailles avec Jacques Séguéla, trop bronzé pour faire sage mais plus attentif qu'autrefois, assagi, enfin serein et plus que jamais imaginatif. La reconstruction de son groupe paraît l'avoir ragaillardi. Il me parle de Gorbatchev dont il a pris en compte le dernier voyage : « On me demande de tous côtés quel est le nombre de millions consacrés à cette visite. Je vais en décevoir plus d'un : trois cent mille francs à peine, qui ont d'ailleurs été versés à sa Fondation. Les voyages et le séjour étaient évidemment payés par les sociétés qui se battaient pour l'accueillir. » Nous sommes loin des sommes folles dont la rumeur faisait état.

18 juin. Ce matin, dans *le Figaro*, l'enquête d'Emmanuel Schwartzenberg sur les travaux de la commission Carignon chargée de réfléchir aux missions du service public est un appel à mille interrogations, mais j'aurai l'élégance de n'en délivrer aucune, n'étant pas celui qui a reçu les confidences. Mon confrère affirme que les séances de ce groupe d'experts sont « houleuses »... Chacun éprouverait des difficultés pour bien saisir son rôle. « Une bonne partie des réunions est consacrée à de longs monologues... à des disputes entre tenants du service public et défenseurs du secteur privé... Marc Fumaroli, professeur au Collège de France, a mis l'accent sur " l'enjeu linguistique " de la télévision, qu'il considère comme " une rivale de l'école "... Bernard-Henri Lévy déplore l'absence d'émissions sur la poésie... Philippe Bélingard critique " l'autoritarisme " de Jacques Campet, ses méthodes de travail et son manque d'esprit d'ouverture... » Les indiscrétions de Schwartzenberg sont recoupées par les messages des participants désemparés. Il semble que l'initiative généreuse du ministre de la Communication soit, chaque jour, mise à mal par l'incroyable désordre des rencontres et sans doute l'incompétence de quelques-uns. Continuons le combat, pourrait-on dire en ce 18 juin, superbe sous le soleil. Nous avons tous mission de sauver la télévision publique et, ne serait-ce que pour cela – qui n'est pas rien –, nous devons aider la commission à ne point se perdre. Une petite phrase de Jacques Campet, président de séance, mérite prolongement : « Nous devons réfléchir à une politique des programmes et au financement de trois chaînes, l'une généraliste, l'autre régionale et la troisième culturelle. » On ne saurait être plus clair, c'est la chronique d'une mort annoncée – celle de France-Télévision –, c'est l'attente d'une fabuleuse embellie pour TF 1 et, pour notre pays, le premier coup de pioche d'un gouffre financier.

*

J'allais oublier de parler de ma petite conversation téléphonique de ce dernier mercredi avec Maurice Ulrich qui fut, après Marcel Jullian, le président d'Antenne 2. Maurice, que nous prenions à sa nomination pour un haut fonctionnaire éloigné de nos préoccupations, s'était immédiatement imposé comme un homme de culture et de curiosité attaché à la permanence des missions de service public. Ces trois années avec lui furent l'une des chances de la télévision. Jamais nous n'avons perdu le contact. Je lui lis un court écho paru dans *le Canard enchaîné*, toujours bien informé, et qui fait état de sa démission au sein de la Commission. Surprise de l'ancien patron : « Je n'ai jamais participé aux travaux de ce groupe pour une simple raison d'urgente obligation ailleurs. J'avais bien précisé avant ma nomination que je ne souhaitais pas faire partie de la Commission, trop pris par mes activités auprès de Jacques Chirac et ma nouvelle situation de sénateur. » Je le sais sincère, navré, et surtout soucieux de ne pas ajouter une vaguelette à la marée déferlante. Bizarre!

*

Marche arrière toute, cet après-midi où, dans *le Monde*, le discours officiel sur l'audiovisuel brusquement s'est modifié. En apparence, on veut calmer les ardeurs des artilleurs de la revanche, ces bretteurs de l'arrière qui tiennent déjà pour acquise la séparation de France 2 et France 3, et instaurer, en cette veillée d'été, un retour à des préoccupations plus saines. La petite musique du gouvernement réorchestrée par Balladur – qui a le sens de la mesure – change de tempo, le raisonnement aussi : « France-Télévision doit être le plus fort possible, un équilibre entre le public et le privé doit être préservé, tout doit être mis en œuvre pour éviter la naissance d'un groupe dominant, un seul opérateur omniprésent (TF 1) serait dangereux. » D'où vient cette volte-face? Sans doute d'une analyse enfin serrée, d'une intelligence réveillée. Tuer France-Télévision, ce serait ouvrir une voie royale à la grande chaîne commerciale qui, devenant d'un coup monopolistique, fixerait les intentions, les options éditoriales politiques et les tarifs de la publicité en France. Je sais la malignité et le grand professionnalisme de nos confrères, j'irai même jusqu'à dire qu'ils n'ont pas tort, de leur point de vue, de se comporter ainsi, mais nous nous devons de résister aux dérapages de toutes sortes. Est-il encore nécessaire de rappeler que les missions du service public n'ayant jamais été clairement définies, nous nous sommes trouvés dans l'obligation – puisqu'il y avait présidence commune (Guilhaume-Bourges) – de décider d'un projet sans conteste réussi : le redressement de France 2 et de France 3 est réel. Tout n'est pas encore parfait, il y a beaucoup à repenser, des émissions nouvelles à inventer. Ne cassons pas la mécanique.

19 juin. Intellectuel ironique et désenchanté, Jean Baudrillard se confie au *Point* et y va de son antienne parfois étendue à la radio et à la télévision : « Les suicides réussis de Pierre Bérégovoy ou du forcené de Neuilly pourraient laisser penser que certains individus parviennent encore à donner un sens à leur détresse... mais ces exemples sont rares. Je suis davantage impressionné par tous ceux... qui errent de manière pathétique. Fabius, par exemple, qui malgré tous ses efforts, n'a pas réussi à trouver un juge pour se punir. Et Mitterrand, qui occupe la place d'un grand mort, et fait semblant d'être vivant. » Baudrillard pense que ces malheureux sont en apesanteur et au-delà de leur fin. Il faudra que nous parlions de cette tragédie tous les deux, à la rentrée.

20 juin. Sur France-Inter, à 18 heures, les charmes du direct retrouvé, comme autrefois, avant 1990, aux heures chaudes de « Radioscopie ». Le direct, c'est la réalité de la radio, sa nécessité, sa force faite de tous les enthousiasmes, de quelques maladresses et surtout des impératifs de l'instant. Le piège le plus tendre, le genre le plus difficile. Ne pas croire surtout qu'un homme (ou une femme) de télévision peut forcément réussir devant un micro pour seul univers visible. Funeste erreur. Les chutes en ce domaine ont été à ce point innombrables qu'elles méritent la meilleure discrétion. Cela vaut d'ailleurs dans les deux sens. Un homme (femme) de radio n'est pas, comme par enchantement, accordé au petit écran. C'est l'un des paradoxes de ce métier qui a pourtant, à sa source, et pour priorités, ces deux dénominateurs communs : le son et l'image. De cette ambiguïté, nous faisons, Philippe Labro et moi, un sujet d'étonnement. Et il connaît bien son affaire, ayant réussi dans les deux disciplines. Et dans d'autres, car il est aussi cinéaste, parolier, journaliste. Écrivain surtout. Je le reçois pour parler de ses *Quinze ans*, du moins du livre qui porte ce titre, pour accompagner ses chemins de recherche. Car Labro est en quête. Lui qui a su parfaitement épouser son époque, sa modernité, n'en finit pas de dire la nostalgie, le temps béni de l'enfance, de l'adolescence, passant ses rêves au crible de son regard de « petit garçon », comme s'il y avait une obsession, la crainte suprême que la vie, les années, la célébrité ne viennent voler cette part d'innocence. C'est vrai, *Quinze ans* est un roman, mais je ne puis m'empêcher de donner un visage au personnage, et je l'identifie immédiatement : c'est bien Philippe. A la première page d'ailleurs, les dés sont jetés : « A cette époque de la vie, j'avais l'impression de toujours attendre quelque chose, je ne savais trop quoi. Une sorte de prescience habitait mes jours et mes nuits. » Il attendait Labro et s'est trouvé. Un peu plus loin : « Atteindre par son talent et ses efforts à la reconnaissance; tenir le devant de la scène; faire se retourner les têtes sur son passage; entendre la foule murmurer : c'est lui qui a écrit ceci, il a joué cela... » C'est évidemment avant la vingtième année que l'on fait de telles constructions, la vie après se charge de vous faire ou de vous défaire. J'aime beaucoup ce livre et j'ai toujours pensé que Philippe Labro était, dans notre espace agité, l'un de ceux — très rares — qui ont une vision exacte des chimères audiovisuelles.

*

Johnny Hallyday au Parc des Princes. Plus que l'idole, cent soixante mille Français viennent écouter leurs vingt ans.

22 juin. Voyage éclair à Casablanca, remuante métropole de cinq millions d'habitants, en perpétuelle acrobatie sur ses propres transformations. Un ciel d'antennes paraboliques entre l'aéroport et la ville, pour ne rien ignorer des télévisions du monde, des maisons par milliers, nouvelles, fidèles à l'architecture marocaine traditionnelle et dont nos banlieues parisiennes feraient bien de s'inspirer, selon nos critères, nos particularismes. Nous sommes hélas plus des donneurs de leçons que des exemples à suivre. Ainsi, on nous bassine depuis une décennie avec les « grands travaux », dits « du Président », la Grande Arche, la Pyramide du Louvre, l'Opéra-Bastille. L'initiative est estimable, la construction intéressante, mais peut-on comparer ces monuments avec la mosquée de Casablanca que je vois à l'instant, tel un vaisseau en partance sur l'océan, avec sa cheminée-minaret de plus de deux cents mètres de hauteur. Évidemment non. Nous tenons ici l'un des chefs-d'œuvre de ce siècle, sans doute le palais le plus achevé, le pur produit de l'exceptionnel artisanat de ce pays. Admirable lieu de prière, mais aussi citadelle unique qui, je l'espère, sera ouverte à tous.

23 juin. Je regarde toujours avec attendrissement et de façon un peu orgueilleuse la ligne continuée des programmes de France 3. Et ce soir, particulièrement, comme toujours, « la Marche du siècle », qui fut dès le départ l'une des chances de cette chaîne. On y traite des banlieues, mais peu importe le sujet, ce qui compte ici, c'est l'élégance du ton, la qualité des propos, la crédibilité de l'ensemble. Jean-Marie Cavada a réussi l'incroyable pari de rejoindre le bloc sacré des six émissions qui illustrent le mieux l'histoire de la télévision française depuis ses débuts.

25 juin. Dans *la Guerre du faux*, cette réflexion d'Umberto Eco : « Pour survivre au pouvoir du public, la télévision essaie de retenir le téléspectateur en lui disant : " Je suis là, je suis moi et je suis toi ". » Cette démagogie de circonstance n'est pas l'éthique première de ceux qui pratiquent l'art difficile de l'étrange lucarne. Nous sommes tout de même quelques-uns à ne pas mépriser le téléspectateur au point de lui offrir le plus mauvais de ce qu'il aime...

28 juin. La dernière du sénateur Jean Cluzel, commandeur du paysage audiovisuel : « Je propose que la Trois soit une grande chaîne. *Éducative* de 9 heures à 12 heures, *régionale* de 12 heures à 20 heures, *européenne* de 10 heures à 1 heure du matin, avec Arte. » Et voilà, rapidement brossé, avec les meilleures intentions du monde, le profil exact d'une petite chaîne.

1ᵉʳ juillet. Flâneries de juillet, avec clochers de tous âges, châteaux en chapelet, champs de coquelicots, de tournesols, mines gourmandes de l'été, multiples routes de campagne sur lesquelles nous irons à quarante kilomètres à l'heure. Le Tour de France, c'est demain. A Jean-François Bernard, mon ancienne mascotte, qui me demande ironiquement conseil, je cite Bernanos : « Lance ton cœur par-dessus la haie, ton cheval suivra »...

2 juillet. La plaquette de présentation des *Écrits de l'image* est enfin prête. Simple et précise comme je l'ai voulue. Sur la première page, cette affirmation qui pourrait paraître prétentieuse : « Jamais la télévision n'avait été regardée de si près. » Il n'est pas de meilleure manière de se mettre en danger que de montrer toute son ambition. Trimestrielle, cette nouvelle revue d'analyse et de réflexion veut promouvoir des programmes de qualité, assurer la critique sur des bases de stricte honnêteté, briser des murs d'ignorance. Si la télévision est si mal vue, c'est qu'elle est mal regardée. On oppose souvent l'écrit et l'image, tantôt pour décrire le déclin de l'un, tantôt pour s'insurger contre la fascination de l'autre. On se satisfait volontiers de discours convenus. Force est de constater que la télévision a un triste privilège : premier sujet de discussion, elle reste dernier objet à penser. Comme si un phénomène à ce point intégré à notre vie quotidienne ne pouvait prêter à réfléchir. Notre revue prétend orienter le regard autrement. Les *Écrits* considèrent la télévision de qualité comme un patrimoine, à l'heure où elle risque de devenir le point aveugle de notre société. Ai-je une chance de réussir? Beaucoup m'encouragent, c'est un défi nouveau, on verra bien...

3 juillet. Première échappée de ce Tour de France cycliste : Le Puy-du-Fou. Un château Renaissance brûlé à la Révolution et dont les ruines magnifiques rougissent au feu des projecteurs, deux mille bénévoles qui se comportent comme des acteurs professionnels, un spectacle remarquablement conçu sur les guerres de Vendée qui ne ressemble en rien aux habituels et folkloriques « Son et Lumière », des galops fous comme au temps de la chevalerie, l'immense souffle d'autrefois et cent quatre-vingts coureurs alignés pour la grande parade devant les caméras de France 2. Le dernier repos des guerriers.

5 juillet. Pour la première fois dans l'histoire du Tour, la caravane folle et disciplinée des coureurs et des suiveurs emprunte, aujourd'hui, les fameux quatre mille cent cinquante mètres du passage du Gois, entre Noirmoutier et le continent, à l'heure convenable – juste avant 12 h 55 – qui nous permet de ne pas être piégés par les caprices des marées. Partis des Sables-d'Olonne, nous enjambons l'océan en toute tranquillité, sûrs de ne pas être les pensionnaires nouveaux d'un cimetière marin qui a déjà avalé plus d'un imprudent. C'est une traversée difficile pour ceux qui voudront flirter avec les bas-côtés humides et caillouteux. Une chute et c'en est fini tant les petits rochers d'escorte sont acérés, perfides. Pittoresque randonnée. Avec Jean Réveillon, nous avons décidé d'aller vite sur ce lambeau de terre provisoire afin de rejoindre dans les temps le bistrot de fin de passage où nous pourrons voir sur l'écran cet inhabituel périple. Images superbes de fantômes accrochés à leurs vélos, entre chasseurs de crabes et spectateurs aventureux qui ne se laisseront toutefois pas surprendre, après 13 heures, par la remontée des eaux. Et déjà bravo à Jean-Marie Leblanc et Albert Bouvet qui, à leur manière, par le choix des itinéraires, nous racontent l'histoire et la géographie de la France.

6 juillet. Revenu à Paris pour quelques jours, repris par les grands travaux de France-Télévision, accaparé par les nouvelles grilles de programmes, j'ai toutefois besoin d'écrire, de gratter du papier, d'aligner des notes, de dire, de me contredire, de titiller ma mémoire, de revoir les centaines de pages d'un roman inachevé, *le Festin des fous*, dont je ne suis pas sûr qu'il paraîtra un jour. C'est une petite musique, le rythme obligé de mes errances. L'essentiel n'est pas de publier, mais plutôt de faire quotidiennement sa culture physique d'écriture.

7 juillet. Rencontre avec Alain Carignon. Le maire de Grenoble a maintenant la charge d'un ministère dont l'existence et l'utilité publiques n'ont été reconnues qu'en cette toute fin de siècle, lorsque le monde des hommes s'est mis à faire une grande consommation d'un mot terriblement ambigu : *communication*. Il a ainsi en main le destin des institutions dont la mission est d'informer et, comme à chaque alternance politique, il est aussi celui dont le milieu médiatique, toujours remuant, attend des miracles d'équilibre, d'harmonie, d'invention, de secours. Fragile perspective si l'on considère que la presse n'a pas besoin d'un tuteur, exemplaire nécessité si l'on décide qu'il est un indispensable intermédiaire. A cheval sur nos petites chaises pliantes, entre le « haut clergé » et les fidèles, nous devons célébrer des messes multiples que des commissions diverses veulent en toute saison ordonner. Je ne sais si Carignon est bien entouré pour conduire les grandes manœuvres de l'automne, mais je le crois joyeux, impartial, et seulement soucieux de donner un nouvel élan à la télévision publique. Sa convivialité naturelle devrait le délivrer de conseils extérieurs trop intéressés. Le monde de l'audiovisuel ne peut être guidé que par des esprits avertis qui refusent l'improvisation. Comme il sait écouter, j'imagine qu'en quelques occasions, il saura ne pas entendre.

9 juillet. C'était hier à la meilleure heure et pour quatre millions de téléspectateurs, je l'apprends à l'instant, la rediffusion de *Shoah* de Claude Lanzmann. Images atroces, horreur absolue de la solution finale appliquée aux juifs par les nazis, insoutenable vérité. Qu'il faut montrer et remontrer pour en mesurer la douleur et condamner ce monde de lâches qui, dans les années 40, a détourné son regard pour ne pas voir pareille abomination. Ce film, sur France 2, est une réponse aux révisionnistes, une œuvre de stricte honnêteté, un rappel nécessaire : la négation du droit à la vie d'un peuple tout entier pour cause de race n'a pas d'équivalent dans l'histoire. Il nous faudra l'apprendre à chaque génération qui vient, sans oublier pour autant ce que fut autrefois l'Inquisition.

10 juillet. Sombre samedi à Châlons-sur-Marne. Jamais le soleil ne fut plus froid. Georges Vanderschmitt m'a rejoint près des cars de montage, derrière la ligne d'arrivée. Autour de nous, avec Jean Réveillon, tous silencieux, les yeux rouges, la tête baissée, serrés les uns contre les autres, les techniciens de notre maison, les journalistes. Seulement nous. Il nous faut être ensemble pendant quelques minutes. Le directeur de l'hôpital d'Amiens m'annonce à l'instant la mort de l'un des nôtres, Jean-Claude Lagarde, preneur de son, victime d'un accident de voiture, ce matin, sur l'une des routes annexes du Tour de France. Jean-Claude était depuis longtemps notre compagnon de route, je le voyais à l'heure du départ lorsqu'il allait, appareil en bandoulière et perche déployée, recueillir les confidences des champions du jour. C'était un type bien. Il appartenait à ces unités d'élite qu'on appelle cameramen, sondiers, motards, chauffeurs, éclairagistes, monteurs, anonymes professionnels de haut niveau qui, au long des années, en tout lieu, organisent sur vos écrans des cascades d'images. Ces gens-là, je les ai toujours aimés, je suis des leurs, nous n'avons pas besoin de grands mots pour nous comprendre.

12 juillet. Cinquante-neuf kilomètres contre la montre autour du lac de Madine. Déjà Miguel Indurain. Le Tour est joué.

13 juillet. Daniel Schick tient à faire choc, le proclame et se veut provocant. Délicatesse de jeune homme doué mais un peu perdu dans ses désordres. A force de se chercher, il ne se trouve plus, et pourtant, je reste persuadé qu'il est l'un des animateurs de la télévision de demain. On l'entend sur Radio-France Internationale, sur France-Musique et maintenant sur France-Inter, sous le couvert d'une émission qui lui ressemble : « A titre provisoire. » Encore une de ses facéties, il s'imagine de passage. Le jour où Daniel ne se cachera plus derrière une modestie qu'il n'a pas, les chemins du petit écran lui seront ouverts. Mais il faudra débroussailler dans le fatras de cent projets mal formulés pour n'en retenir qu'un seul et le pousser avec obstination.

14 juillet. Chaque jour depuis janvier 1990, sans relâche, cette question : « Quand reprenez-vous " le Grand Échiquier "? » J'aurais préféré une autre interrogation, du genre : « Pourquoi aimez-vous à ce point la musique? » et j'aurais répondu qu'elle est pour moi l'immensité, qu'elle me touche infiniment – parfois jusqu'à une sorte d'extase –, qu'elle est la grâce, l'harmonie et l'impérieux appel d'une solitude. Un espace d'abandon et de formidable liberté. Je la recherche partout et souvent dans les phrases des grands écrivains; la littérature est aussi musique.

15 juillet. Deux mille mètres! La plus haute étape de toute l'histoire du Tour de France. Après l'Isoard, le col de Vars, le col de la Bonette... Isola 2000. A hauteur d'aigle. Superbe randonnée au plus lumineux des sommets. Il a fallu toute la persuasion, l'intelligence fine d'une belle et obstinée jeune femme, Sophie Deniau, pour en arriver là, grande étape dans un décor rêvé. Jacques Toubon est des nôtres, je le savais fou d'opéra et de peinture, le voilà qui se déchaîne pour la petite reine. Tard le soir, nous nous retrouvons à la même table avec René Cenni qui demande : « Alors, monsieur le ministre, vous vous présentez chez nous à Nice? » Réponse immédiate : « Non... mais il est vrai que je suis grandement sollicité. » Nous parlons un peu de la ville, de son passé, de ses turbulences, et Cenni conclut ainsi : « Je vous livre cette confidence d'un homme de gauche qui pourtant n'aimait pas Jacques Médecin... " On nous a volé Ali Baba, mais on nous a laissé les Quarante Voleurs "... »

16 juillet. Marseille. Partout, des affiches qui annoncent César, la rétrospective de son œuvre à la Vieille-Charité. Je suis furieux, impossible d'y aller, c'est bien trop tard, la route du Tour a été longue. Et j'enrage, parce que *notre* sculpteur n'est toujours pas à Beaubourg, ni au Musée d'art moderne, ni nulle part ailleurs, dans ces endroits institutionnels où le copinage tient lieu de vertu. Paris l'aime mais l'establishment – mot affreux – ne le tolère pas. Que lui faut-il pour aller au vrai triomphe qu'il se souhaite? La mort? Stupidité des stupidités. Je l'entends me dire : « Je m'en fous », mais il triche, par frivolité raisonnable et par esthétisme. « Dieu ne m'a pas fait beau, c'est mon drame. » Je tente de le rassurer : « Tu es un grand de petite taille. » Ça ne l'arrange pas : « Encore une de tes conneries! » On s'expliquera un peu plus tard, à table. Et il me répétera sa sacro-sainte phrase empruntée à Warhol et quelque peu détournée : « Je n'ai jamais su être là où il faut quand il ne faut pas, être là où il ne faut pas quand il faut. » C'est si compliqué que cela doit bien avoir un sens.

19 juillet. La principauté d'Andorre se prend pour une République et c'est épouvantable. Le pire du commerce, à (soi-disant) bon marché, sur une seule rue, la laideur à chaque carrefour. Et pourtant, je me souviens de mon enfance pyrénéenne, à l'écoute de... Radio-Andorre!

21 juillet. Ma vieille maison de Miramont entre Tourmalet et Aubisque dont l'histoire locale fixe les premières traces en l'an 940 et qu'une chaîne de télé américaine voudrait filmer pour montrer « un peu du bout de la France ». Ce qu'une fois encore je refuse, tant me paraît vaniteuse toute exposition d'une vie privée. Ici, pas de caméras mais des amis, et nous y sommes quelques-uns ce soir, échappés de Saint-Lary, toutes cheminées fumantes – il n'est rien de plus beau que des flammes en juillet. Demain, la grande étape du Tour, Tarbes-Pau, retransmise intégralement par France 3 et France 2. Réalisation unique que l'on ne saurait imaginer nulle part ailleurs dans le monde. L'exceptionnel triomphe de l'effet France-Télévision.

23 juillet. La bonne, la grande, la réconfortante nouvelle : Hugues Gall à la tête de l'Opéra de Paris, à partir d'août 1995. Jacques Toubon vient d'en faire l'annonce à Aix-en-Provence. Un vrai professionnel est enfin chargé de réorganiser la vie lyrique en France. Je peux témoigner de son talent, de ses enthousiasmes et de sa curiosité. Il fut, avec Rolf Liebermann, le maître de cérémonie des riches heures du Palais-Garnier, c'est avec lui que nous eûmes la chance de présenter plus de vingt opéras sur Antenne 2, c'est encore à son initiative que Genève allait devenir le passage obligé des amoureux du bel canto. La discrétion de l'homme est à la mesure de l'efficacité du créateur. Bénéficiant du temps que beaucoup d'autres perdent dans les salons, il n'est qu'à son affaire et à ceux qui la servent. Hugues est précis, courtois, diplomate et sans états d'âme dès lors qu'il s'agit de couper dans le vif des privilèges. Je suis persuadé que les plus grandes voix vont maintenant reprendre le chemin de notre Opéra, sans craindre de devoir affronter l'incompétence et l'ignorance. Mais deux ans, c'est encore long!

24 juillet. Une petite route ombragée de grands arbres, du côté de Brétigny-sur-Orge. Jean-Pierre Carenso, président du Tour de France, observe ses coureurs dans le dernier contre-la-montre. Je le rejoins. Et nous entendons ensemble la nouvelle : « Francis Bouygues est mort. » On a du mal à croire qu'un tel chêne puisse ainsi être abattu, les personnages de cette trempe paraissent intouchables et c'est seulement à leur plongeon dans l'éternité que l'on devine leurs souffrances pareilles aux nôtres. La réussite, la fortune ne sont pas toujours des critères de bonheur. Je n'étais pas de ses proches, pas même de ses relations, mais je me souviens pourtant d'avoir complété le trio de ceux qui ont entendu sa première respiration d'homme de télévision. A sa table, conviés à déjeuner, Alain Decaux, Marcel Jullian et moi avons écouté l'appel : « J'aurai une chaîne, je veux TF 1 et je vous veux. » Alain et Marcel l'ont accompagné, je n'ai pas souhaité trahir la Deux. Je l'ai retrouvé plus tard à Agadir, le long après-midi d'inauguration du palais royal : « Rejoignez-nous, vous serez mon homme de prestige, je vous donnerai une soirée musicale... Enfin, si l'on m'y autorise. » Je m'amusais de cette proposition, sachant — et je le lui avais dit — que la perspective d'un tel programme, si beau fût-il, ne saurait être acceptée par ses premiers couteaux plutôt habiles à trancher dans le gras. Il se faisait de la télévision une idée toute simple : « Nous n'avons qu'une obligation : donner au public ce qu'il aime pour qu'il nous aime. Sans se poser de questions. Pourquoi faire compliqué? La majorité des Français ne comprend rien au culturel et les intellos ne regardent jamais ce que l'on réalise à leur seule intention. Toute aventure est pour moi un challenge, il s'agit de gagner à chaque coup, je ne crois qu'au plus grand nombre. » Francis Bouygues ne connaissait rien de notre métier mais son magnifique talent d'entrepreneur gommait toutes ses ignorances. J'aimais le bâtisseur, le grand homme du pont de l'île de Ré, de la Grande Arche, du Parc des Princes, de l'université de Riad, de la mosquée de Casablanca, je respectais sa fidélité à ses origines, son intelligence du terrain, son esprit compagnon; il ne supportait pas nos succès et ne le cachait point. La férocité était l'une de ses élégances, il était bon de l'avoir pour « ennemi ».

25 juillet. Cet homme du peuple est un grand d'Espagne, il ne lui manque plus que d'être officiellement anobli. De sa caste biologique il a l'allure, l'indifférence, la morgue apparente, le détachement, l'orgueilleuse discrétion. Sensible aux attentions – nous lui avons fait la surprise d'un gâteau d'anniversaire sur France 2 – il refuse les frivolités. Pour Miguel Indurain, l'essentiel est ailleurs. Pas même dans le registre des victoires, plutôt sur ses petits nuages où personne ne peut l'accompagner, dans une solitude qui est sa seule raison de vivre. Impénétrable, absent, le voilà vainqueur 93 et nous voici tristes. Non pas de son triomphe mais de la frilosité de ses adversaires qui n'ont pas su le prendre en défaut. On nous dit déjà que l'année 1994 sera terre de grands combats. Doit-on le croire?

*

La plus spectaculaire des énormes « machines » audiovisuelles boucle aujourd'hui sa ronde. Les techniciens de la SFP, de TDF, de France 2, de France 3, admirables compagnons, achèvent leur Tour de France après des mois et des mois de repérage, de parcours multiples, d'installations hasardeuses, performantes, et trois semaines de plein direct. Bilan éminemment positif. Des millions de spectateurs pour quatre-vingt-dix heures d'antenne. Une qualité accrue du son, de l'image – grâce à nos deux avions, nos trois hélicoptères, nos cinq motos –, un succès total et reconnu de nos commentateurs. Toute la force de France-Télévision et du plan stratégique qui nous guide.

26 juillet. Au cours d'une « Radioscopie » dont on diffuse ce soir un extrait, Claude Lévi-Strauss m'avait dit : « Les hommes n'existent que par leurs œuvres. » Et j'avais ajouté : « A la seule condition qu'elles s'inscrivent dans la durée. » Nous en étions d'accord, puisque c'est évidemment leur seule vertu. Malicieux, il s'était tout de suite inquiété : « En voyez-vous beaucoup, à la télévision? » J'entends à l'instant ma réponse : « Lectures pour tous », « Cinq Colonnes à la une », « En votre âme et conscience », « les Dossiers de l'écran », « Apostrophes », « la Marche du siècle », « Thalassa », tout le « Théâtre de la jeunesse ». Je me souviens de son air gentiment moqueur à l'énoncé de ces titres et de son étonnement courtois : « Vous oubliez " le Grand Échiquier "? » Ma gêne bienheureuse fut de ne pas le contredire.

27 juillet. Avec Marcel Jullian, en 1976, nous avions imaginé d'installer, sur l'écran de la Deux, un tableau de maître à la place de la mire. Avec juste le nom du peintre et le titre de l'œuvre. L'idée reste valable pour France 3 avant 7 heures chaque matin, après la dernière émission du soir. En parler avec Pascal Josèphe.

*

Les grands aboyeurs de la télévision occultent le vrai travail des anonymes. Et me revient en mémoire cette réflexion du poète Saadi : « Avoir pitié de la panthère, c'est être injuste envers les agneaux. »

*

Les journaux l'annoncent bien avant la date prévue : je reviens donc à l'antenne, mais tard le soir, de façon marginale, faussement discret, du bout des lèvres, avec toutefois un enthousiasme intact. On aurait pu s'attendre à des retrouvailles aux couleurs d'« Échiquier ». C'eût été trop facile. Il faut aux arrivées nouvelles des chemins de traverse. Le mien passe par la création. « L'Atelier 256 » accueillera à partir du 13 septembre – 256e jour de l'année – des sculpteurs, des peintres, des informaticiens, des architectes, autant de guetteurs d'ombres et de lumières qui sauront discerner, dans leurs recherches, les très espérées lueurs des aubes.

*

Nous en sommes arrivés à ce point de copinage où les émissions les moins bonnes sont portées aux nues par les plus mauvais critiques.

28 juillet. L'Algérie paralysée par la montée des intégrismes, le développement du terrorisme. Un an après l'assassinat de Boudiaf, le pays s'enfonce dans une dangereuse dramaturgie, un tragique chaos. Les islamistes ouvrent partout leurs champs de mort et prennent pour cible les intellectuels. La peur est si grande que, là-bas, les images de la télévision sont muettes. Paris-intello-caviar, si prompt à exploser lorsque passent les frères Boure-kat, abuse d'une discrétion assassine à l'endroit des grands prêtres du crime. Certains pensent que l'on peut trouver un compromis entre modernité et aspirations rétrogrades. C'est un leurre. Je crois davantage à une relecture du Coran, mais je ne suis pas assez fou pour me convaincre qu'elle donnera aux illuminés la lumière.

Fait cruel : des dizaines d'hommes, parmi les plus brillants, vivent comme des bêtes traquées, c'est pour eux la mort annoncée, parfaitement programmée. Le message est clair : « Au nom du Dieu tout-puissant, il a été décidé que tu dois mourir. Aujourd'hui, demain, après-demain. » Et la promesse est toujours tenue. Combien de temps ont-ils encore à vivre, nos amis de si près? Je relis *la Malédiction,* de Rachid Mimouni, rencontré à Marrakech, condamné lui aussi et qui expose la métaphore d'une nation déchirée entre avenir et passé, dans la fatalité d'une déchirure qui semble, depuis un demi-siècle au moins, écarteler l'Algérie. Rachid se sait en péril, mais il poursuit quand même sa quête de vérité, il a le courage des mots, l'audace de dire, de témoigner. Et nous sommes cruellement désarmés et lâches, car il ne suffit plus d'écrire cette douleur.

1er août. A la première heure du premier jour de sa mort, la foule s'est rassemblée devant le palais royal de Bruxelles. Du personnage tragique tellement étriqué à ses débuts ne reste plus qu'une ombre immense. Baudouin est passé par l'Espagne, le pays de Fabiola, pour rejoindre les derniers territoires. Il lui faut maintenant revenir en son royaume pour une ultime parade. Au creux des phrases banales prononcées à l'instant du départ, nous pourrions faire un choix de mots exacts : mystère, tristesse, mélancolie, rigorisme, solitude, incommunicabilité, frilosité, amertume, honnêteté. Une esquisse de portrait. L'homme n'était pas inventé pour ce trône qu'il aura pourtant occupé plus de quarante ans avec pour seule et préoccupante obsession : l'unité du royaume. Je ne le connaissais pas, je souhaitais l'accueillir à « Radioscopie », je lui avais écrit, il m'avait immédiatement répondu sur papier ordinaire, d'une plume noire aux caractères sûrs... « Ne m'en veuillez pas de vous dire non, et n'allez pas jusqu'à moquer ma peur car c'est bien de cela qu'il s'agit et non pas d'un refus lié à ma condition. Je vous écoute, j'ai souvent entendu la voix glorieuse de vos invités – Malraux, Sartre et Borges entre autres –, je n'ai pas leur bonheur d'expression ni leur liberté, je suis roi et peu habilité à parler de nos grandes affaires, je veux seulement la paix pour mon peuple et ne supporte aucune division. Ma vie est calme, nous sommes éloignés des rumeurs, je n'ai pas de courtisans, je ne me connais pas de vrais ennemis, vous le voyez, je n'ai pas grand-chose à raconter devant un micro public. J'aurais, en revanche, grand plaisir à vous recevoir chez moi pour quelques conversations privées. Nous parlerons des étoiles qui sont la galaxie incontournable de mes évasions. » J'ai conservé cette lettre, tenant pour essentielle la simplicité du monarque, j'ai réalisé un « Grand Échiquier » à Bruxelles avec... Jacques Delors, je n'ai jamais rencontré le roi Baudouin, parce que les jours ont passé, que le temps efface tout et que dans « promesse », le plus beau reste la musique du mot.

2 août. Ils ont dû mourir à quelques heures d'intervalle. Ils aimaient tous les deux l'Espagne, ils avaient en commun un même espace d'infini, le mysticisme. Baudouin était roi, Manessier était peintre, voyageur, passager des ailleurs. A notre dernière rencontre, je lui avais demandé ce qu'il pouvait bien y avoir après le cubisme, le surréalisme et l'abstraction. Il m'avait répondu : « La trappe. »

3 août. Ne pas dire de Pol Pot qu'il est un monstre, c'est injurier la mémoire. A son effroyable tableau de chasse : deux millions de morts en moins de quatre ans au Cambodge, et ça continue. Et le monde se tait, complice. Et les bonnes âmes s'inquiètent encore des derniers marxistes en zone d'interrogation. Lâche comportement des prétendues cohortes humanitaires. Cent victimes ce matin aux portes de Phnom Penh, toujours sous la botte « feutrée » des Khmers rouges. Pol Pot, un nom qui cogne comme une hache dans un long fleuve de sang.

5 août. L'endormissement doit être le propre des soleils du mois d'août. La commission désignée par Alain Carignon pour fixer les règles de la prochaine tempête audiovisuelle s'est bizarrement mise en vacances. Ses membres, tous de bonne qualité mais d'horizons bâtards, ne savent plus sur quel axe s'appuyer, manquent de moyens, s'échinent à croire qu'ils ont des idées neuves, se perdent dans l'ennui et la banalité...

7 août. Le jeune homme autrefois pétrifié devant sa cour, frileux au pouvoir, hésitant sur les marches de ses ascensions, aura fait en quarante-deux ans une percée assez incroyable, une offensive mesurée et à ce point discrète qu'elle émeut aujourd'hui le monde et inspire même le respect à ses détracteurs. Il fut un temps où la question royale belge provoquait des émeutes. D'évidence, à l'heure matinale de ce dernier voyage, la lente traversée de Baudouin au cœur de sa vieille ville témoigne de la force fragile d'une Belgique unie par le chagrin. C'est l'étonnant plébiscite d'un homme par la douleur. Non par une sérénité de circonstance. Plutôt la réalité profonde d'une monarchie apaisante que nous n'avions pas su deviner, ce miracle éternel des origines. A le voir passer sur cet affût de canon, entre cette haie silencieuse de centaines de milliers de sujets d'inquiétude, dans la seule musique des cloches, j'imagine – je constate surtout – la foi, la conviction, le courage tranquille et l'honnêteté simple enfin reconnus. Ce roi qui s'était donné dès les commencements le glorieux compagnonnage de l'ailleurs aura été toute une vie au service de son peuple qui n'aura rien compris à ses désespérantes lassitudes. Bizarrement, ses obsèques sont un lumineux espace de vie magnifié par Fabiola qui, méticuleuse, en a réglé le rite, décidant seule de la décoration, de la liturgie, de la musique – Bach, Pergolèse, Purcell –, estimant pour l'avenir que ce jour était de gloire et d'espérance, tout de blanc vêtue, digne, et à certains moments souriante comme si elle se savait déjà en route vers l'île désirée, celle des retrouvailles. Une reine sans doute, une grande dame assurément. L'image retenue? Une famille entière qui fait la chaîne, se prend la main, affirme une continuité. Le symbole affiché? La difficile nécessité de l'union : le triste débat entre flamingants et wallingants chanté par Jacques Brel, qui est une souffrance, n'a pas de sens. Le regard critique? La réalisation de la télévision belge était pour le moins maladroite, pauvre d'invention, banale mais heureusement dépassée par la grâce tragique de l'événement. Aujourd'hui, la monarchie donne une ampleur inattendue à la démocratie.

15 août. Le plus fastueux 15 août de l'histoire des sports à la télévision. Avec débordements attendus et superbes le lendemain, les jours d'après. Tout a commencé avec Alain Prost, pour la première fois dernier à Budapest (TF 1), tandis que triomphe son jeune rival et partenaire Damon Hill. Course magnifique de l'un et de l'autre. Abandons en cascade. La fête continue avec Marseille qui, dans le gâchis d'aujourd'hui, se devait de l'emporter sur

Paris-Saint-Germain (Canal Plus). Du baume sur des plaies toujours ouvertes. Tard dans la soirée, football encore avec Brésil-Uruguay, match nul dans les deux sens du mot mais passionnant si l'on considère l'enjeu de la prochaine Coupe du monde. Immédiatement après, aux petites heures du matin, splendide final à l'USPGA, bonheur total du golf au plus haut niveau : Paul Azinger bat Greg Norman au deuxième trou du play-off, à l'issue de quatre journées de bataille (Canal Plus). Enfin l'athlétisme, les championnats du monde à Stuttgart, en continuité sur France-Télévision : la victoire de Gail Devers sur Merlène Ottey (a-t-elle vraiment gagné?), l'échappée folle d'Ismaël Kirui, le Kenyan, sur cinq mille mètres, le triplé des Chinoises sur trois mille mètres, l'irrésistible domination des Noirs, la besogneuse participation des Français — on compte toutefois, en fin de semaine, sur Marie-José Perec, Jean Galfione et Stéphane Diagana. J'ai la faiblesse d'espérer.

17 août. Je n'étais pas de ses disciples, pas même de son clan, sans doute étions-nous complices, fidèles au serment d'indépendance qui était notre idéal, mais nous ne nous sentions liés ni par le secret ni par la confidence. D'évidence, je peux donc me souvenir de lui en évitant les trémolos de circonstance, les références d'habitude. Ni père spirituel ni maître à penser, Pierre Desgraupes était pour moi mieux que cela : l'archétype de l'homme de télévision, un très grand professionnel qui, sa vie entière, sut se défaire de tous les pouvoirs, jouant à découvert d'une liberté noblement conquise. Il était bourru et tyrannique et exigeant, mais surtout canaille. Et faussement cynique. L'ironie lui était une arme défensive. Je ne l'ai pas connu cinglant ou discourtois... Peut-être parce qu'il m'a toujours considéré comme le marginal qui ne lui devait rien. Je l'agaçais comme l'énervait aussi Marcel Jullian : nous avions créé Antenne 2 sans lui et dans un esprit qui aurait pu être le sien. Il m'avait dit à son arrivée en 1981 : « Tu es celui qui m'a accueilli dans ma traversée du désert. Ton invitation à " Radioscopie " m'autorisait à croire que j'existais encore. Aujourd'hui, te voilà mon collaborateur puisque je tiens à conserver " le Grand Échiquier ", mais voici mon interrogation : pourquoi chez toi ce refus presque affiché de ne pas entrer dans ma bande? » Nous nous étions longuement expliqués sur le sujet, je n'appartenais pas au premier cercle où trônaient déjà, avec l'autorité et l'affection soumise que l'on sait, Monique Wendling, Christian Dutoit, Joseph Pasteur, Pierre Wiehn, François-Henri de Virieu, personnages ambitieux, assez doués pour deviner, avant même que d'être énoncées, les intentions du « sphinx ». Desgraupes avait une approche immédiate des individus, l'envie attendrissante de séduire et de déplaire. Il avait le culte de l'ombre et du mystère, une fringale de vie et la plus lumineuse intelligence du métier. Il n'était pas urgent de l'aimer, je l'estimais trop pour m'abandonner aux futilités de la cour. Je le veux plutôt figure historique, emblématique de cet immense patrimoine qu'il a légué à des millions d'écrans : « Cinq Colonnes à la une », « Lectures pour tous », « En votre âme et conscience ». Salut Lazareff, salut Dumayet, salut Barrère. Ces moments sont les belles étoiles de notre galaxie.

Desgraupes, qui avait d'autre part marqué l'irrésistible envolée de l'information télévisée, fut un jour chassé par la fatale limite d'âge. C'était une absurdité, car sa jeunesse était alors resplendissante. Mais le monde aujourd'hui ne pardonne rien, pas même le talent. Il en fut meurtri. Je le respectais pour avoir aimé Giraudoux et lancé *Châteauvallon*, pour oser parler mieux que personne de Hegel, de Heidegger, et se plaire aux facéties du « Petit Théâtre de Bouvard », pour s'amuser de tous les contraires et dérouter l'entourage. Un soir de confidences, dans mon bureau du huitième étage de l'avenue Montaigne qu'il trouvait « habité » et qu'il choisissait pour de rares entretiens devant les caméras, il m'avait fait ce compliment : « Tu as su faire aimer la musique et tu as toujours considéré, comme moi, que l'interview est essentiellement une conversation. » Parodiant Brassens, on pourrait écrire que « les morts sont tous des braves types » et ce serait absurde. Je préfère témoigner de ce que je sais : Pierre Desgraupes, tout au long de son existence, fut homme d'honneur.

18 août. Incroyable fuite des jours! Déjà la millième de « Continentales » dont le lancement au début de 1990 m'avait été discrètement reproché, tant les conséquences financières pouvaient en être désastreuses. Ce n'était pas l'émission elle-même qui paraissait inquiétante – loin de là – mais il me fallait, pour l'accueillir, ouvrir l'antenne de FR 3 chaque matin à 8 heures. Coup d'audace qui en affolait plus d'un sur cette chaîne accordée à des réveils tardifs. Je me souviens avec bonheur de l'éclat de ce commencement, de l'enthousiasme de Michel Kuhn, inspirateur du projet, de nos travaux avec la station de Nancy pour rendre accessible et spectaculaire ce qui était au départ essentiellement pédagogique. Je savais à ces aubes difficiles que seuls des programmes de prestige pouvaient installer l'image de la Trois déjà dessinée par la savante architecture cinématographique de Patrick Brion et la charge furieuse des « Océaniques » de Pierre-André Boutang. J'avais mes points d'appui, il suffisait de donner un rythme hebdomadaire à la remarquable « Marche du Siècle » de Cavada, pousser à leur maximum les ambitions de Georges Pernoud pour « Thalassa », inventer « Faut pas rêver », faire triompher enfin l'« Eurojournal » et « Continentales », rendre, comme le disait Michel, « l'étranger moins étrange », trouver une âme à ce corps multiple nourri de séquences inédites puisées aux quatre coins du monde. Et ce fut Alex Taylor qui vint avec son accent particulier, sa fougue, sa curiosité, son désir de partage.

20 août. Cette petite phrase que l'on prononce à tort et à travers, entendue ce matin encore à la radio à propos de je ne sais plus quoi : « C'est le fait du hasard. » Ah, le hasard! Il ressemble étrangement au destin, il n'est point autre chose qu'un rendez-vous. Toute rencontre porte son nom. Il est ce que l'on peut considérer de plus inattendu et, paradoxalement, de mieux préparé. Il fixe de bizarres nécessités. Le hasard m'a fait homme de paroles et d'images et je me crois homme d'écriture.

22 août. Année *zéro* pour les athlètes français aux championnats du monde à Stuttgart. S'il s'agissait d'un commencement, nous serions en droit de hisser les bannières, mais j'ai cru deviner hélas les prémisses d'une fin, la cassure du ressort. Année lumineuse en revanche pour la télévision, à sa bonne altitude événementielle. Mieux qu'un spectacle, un livre d'images, une totale réussite, des fulgurances de couleurs, une palette splendide née d'une technique irréprochable en réel progrès, une galerie de portraits où passaient les drames et les joies. Une immense chorégraphie qui eût mérité une médaille d'or. Une danse. Comme l'art suprême des attitudes. Le sauteur à la perche, qui est par nature quelqu'un d'aérien, devenait dans la magie du mouvement des caméras une manière d'ange propulsé vers le ciel, au bout d'un gouvernail flexible, tremblotant. Le coureur du cent mètres allait si vite qu'il fallait le ralenti pour mesurer sa souffrance, chaque seconde de son espérance ou de son désespoir. Et les relais toutes distances qui inventent désormais l'étrange acrobatie du corps, en parfait équilibre. Admirable.

France 2 et France 3 en cette affaire ont obtenu tous les podiums et donc sauvé nos champions furieusement abonnés à ces fameuses quatrièmes places qui ne sauraient susciter le moindre lyrisme.

23 août. Affluence record au pavillon Gabriel pour la conférence d'Hervé Bourges, président de France-Télévision. Jamais il n'y eut tant de monde à l'affût de toutes les rumeurs de passage. Mille professionnels pour entendre la petite et séduisante musique d'un programme de rentrée, plus sûrement une déclaration d'intention. Une seule question, comme en lévitation dans le silence recueilli de la salle... « Avez-vous décidé de partir avant que l'on ne vous chasse? » L'homme ne laisse jamais indifférent, on vient à ses rendez-vous comme à un spectacle, le one-man show est son affaire. On le dit marqué politiquement à gauche, ses engagements ont toujours été, il est vrai, tiers-mondistes. J'affirme volontiers qu'il n'est ni de droite ni de gauche, mais totalement Bourges, avec ce que cela suppose de subjectivité, de passion, d'éclats. Sa réussite a des reflets d'insolence. Provocateur, charmeur et brillant orateur, il n'autorise personne à conduire des débats qu'il a lui-même orchestrés, il assassine gaiement les interrogations pour n'avoir pas à répondre, il anticipe sur la question. Son départ prochain? « Je travaille comme s'il s'agissait d'éternité. » Sa durée : « J'apprécie qu'Alain Carignon ait déclaré la nécessité d'un mandat de cinq ans pour un président de chaîne... En 1998, je serai donc atteint par la limite d'âge. » On n'est pas plus clair ni plus démoniaque. Il n'est dupe de rien dans son désert d'attente et, peut-être, s'inspirant de La Rochefoucauld, pense-t-il que « c'est dans l'absence que nous mesurons le mieux nos sentiments ». Il lui arrive de citer Kafka : « L'éternité est très longue, surtout vers la fin. »

25 août. Le projet est relancé, la nouvelle est maintenant officielle : Édouard Balladur annonce ce matin la création d'une chaîne de la connaissance et de la formation qui trouvera son terrain d'exercice sur le réseau diurne de l'ex-Cinq, avant Arte. La cible paraît fixée : les universitaires, les lycéens, les chômeurs, les illettrés, les marginaux. Cela fait déjà, s'ils viennent au rendez-vous, des millions de télé-spectateurs. L'idée sur laquelle nous avons beaucoup travaillé en d'autres temps est passionnante, assez généreuse pour mériter notre adhésion. J'irai jusqu'à dire qu'elle est déjà remarquablement ébauchée dans les programmes matinaux de France 3. Comment, dès lors, ne pas être sensible à de si louables préoccupations? Il n'en reste pas moins vrai qu'une chaîne, même éducative, c'est encore et toujours de la télévision rompue à de nobles exigences. Ainsi, ma petite vanité n'est pas seulement d'avoir conçu une émission musicale comme « le Grand Échiquier », mais, mieux, de lui avoir donné un public. N'importe qui peut produire un programme de strict anonymat, il faut de vrais professionnels à cette nécessaire ambition. Un réseau hertzien ne peut se satisfaire des tracasseries pédagogiques d'une esthétique universitaire.

Dans cette affaire d'importance, le Premier ministre prend de court le CSA, les penseurs multiples en cette matière, et fait obligation à ses collaborateurs de conduire, au plus vite et dans la meilleure intelligence, ce périlleux et remarquable dessein auquel nous devons tous assistance. Les temps changent. La télévision, qui fut à ses débuts assassinée par les gardiens de l'éducation, maîtres et professeurs, serait donc en passe de devenir leur chose. Faisons vite la paix : il nous faut enterrer les peu glorieuses haches de guerre et oublier nos anciens ennemis qui craignaient de perdre leur pouvoir. Cette chaîne nouvelle – bien comprise –

peut être une formidable bouffée d'air pur, l'espace attendu de nouveaux marchés, la chance de la production française. Tout plutôt qu'une mire inerte sur un réseau perdu. Mais de grâce, délivrons-nous de ce programme éducatif pesant bâti il n'y a pas si longtemps, dans l'ancien régime, par des gens qui pensaient plus à leur carrière qu'à notre avenir. Affirmons vite qu'une pareille chaîne ne pourra compter que sur le talent, l'enthousiasme, le professionnalisme de ses dirigeants. La décision du Premier ministre est une chance pour les Français et un danger pour ceux qui ont la charge d'un tel projet. Il importe de relever le défi, il paraît urgent de s'y préparer en imposant un projet sans faille dans une architecture originale. La chaîne du savoir peut être le berceau de toutes les curiosités, à la condition expresse de lui donner une tête bien faite, un personnage éminemment créatif. Les mauvais choix inventent toujours les pires échecs.

26 août. Au courrier, ce matin, le dernier roman de Thierry Ardisson. *Pondichéry*, avec cette dédicace : « J'espère que ce livre te fera regretter mon émission historique. » Nostalgique rappel de sa vieille ambition, de ce qu'il croit être un refus, une sanction, et qu'il considère comme un échec, colère sèche d'un homme qui a trop à proposer pour *faire* vraiment et qui a de vrais talents contraires. Déjà attelé à son ouvrage qui se veut la saga de l'un des comptoirs des Indes, je redécouvre un écrivain aux mots recherchés qui s'aimerait historien, et s'échine à le prouver. Ardisson a besoin de reconnaissance. L'estime – à sa personne – lui paraît être une nécessité, son audace n'est qu'une fantaisie d'aristocrate, il est ailleurs, peut-être, dans cette rêverie : « Et si la colonisation était une idée d'avenir? »

27 août. A la première page de son journal intime, *Composition française*, à la date du 1ᵉʳ janvier, Jean Cau écrit ceci : « Les dés d'une nouvelle année commencent à rouler. Encore trois cent soixante-cinq jours de comédie à jouer. » Il en est de même pour nous, ce 1ᵉʳ septembre, à l'aube de la nouvelle saison audiovisuelle. Mais est-ce encore de la comédie?

30 août. Le royaume chérifien donne aujourd'hui à un milliard de musulmans le plus haut édifice religieux de l'univers : la grande mosquée Hassan II, inaugurée ce matin et dont on voit l'image sur toutes les télévisions du monde. Extraordinaire édifice, chef-d'œuvre rare, nouveau phare de l'islam aux ambitions évidentes et qui répond à un appel : « Le trône de Dieu est sur l'eau », affirme en effet le Coran. Ici, les vagues océaniques passent sous l'espace de prière et le minaret projette sa lumière là-haut à deux cents mètres – plus du double de La Mecque. D'une seule et grandiose envolée, les Alaouites prennent le pas sur les Saoudiens. Je connais ce monument, j'en ai suivi la longue et rapide construction, j'en vois aujourd'hui la richesse promise et offerte aux siècles à venir. Faste des façades, des salles intérieures, des plafonds en cèdre de l'Atlas, des portes monumentales en cuivre, avalanche maîtrisée de marbre, de cristal, de zelliges, comme autant de sculptures, dans un exceptionnel volume de couleurs, blanc, rose, vert amande – tout un univers de méditation conçu par l'architecte Michel Pinseau. On pense à la Kutubiyya de Marrakech – avec le gigantisme pour supplément d'âme. Beauté de l'artisanat marocain retrouvé. Cette mosquée est bien plus qu'une architecture : *un symbole*. Un acte de foi et une déclaration politique. Hassan II s'est toujours inscrit dans la modernité de l'islam, contre tous les intégrismes. Il faudra que les fomenteurs de complots, les moissonneurs d'images toutes faites reconnaissent enfin l'extraordinaire travail accompli depuis des années par ce roi, dans les sables mouvants du Moyen-Orient. Il fallait un vrai courage pour oser accueillir Shimon Pérès à Rabat et une exacte vision du futur pour fixer le calendrier de l'apprentissage de la paix. Car, on le saura un jour, le Maroc a été l'étape choisie des rencontres secrètes qui ont ouvert le grand chemin de la réconciliation entre Israël et Palestine. C'était il y a bien longtemps!

1ᵉʳ septembre. Des négociations sur la *reconnaissance* mutuelle d'Israël et de l'OLP ont eu lieu hier à Washington. Celle-ci pourrait intervenir dans les plus brefs délais. L'organisation de l'autonomie palestinienne dans la bande de Gaza et à Jéricho devrait être immédiatement finalisée. Il est donc mis un terme à des décennies lourdes de conflits meurtriers. Évidemment, cet accord historique présente les plus hauts risques, la coexistence pacifique sera difficile, mais la décision est l'irréversible. Voici venu le temps de la dignité. La paix enfin.